관광학개론

신우성 저

INTRODUCTION TO TOURISM

(주)백산출판사

머리말

관광학은 인류와 사회현상을 규명하고 발전시키기 위한 사회과학으로 경제적 풍요와 여유로운 삶을 지향하는 관광활동을 이해하기 위해 발전하고 있다. 급변하는 환경변화와 긍정적인 효과 등으로 관광에 대한 관심은 학문적인 연구로 이어져 어떻게 하면 관광의 발전을 통해 인류에 이바지하고, 긍정적인 관광환경을 조성할 수 있을 것인가에 대한 거시적 관점과 효과적인 방향 제시로 국가와 기업의 경제적 발전이라는 미시적 관점으로 전개되고 있다.

이에 본서는 관광을 전공하는 학생들뿐만 아니라, 관광 관련 분야의 실무자 및 일반인들에게 보다 쉽게 관광학을 이해시키고자 하는 데 목적을 두고 있다. 또한 세부적으로는 관광학 연구자, 정책입안자와 학생들이 관광의 개념과 변화를 이해하고, 새로운 패러다임과 환경변화를 받아들일 기회를 제공하고자 한다.

본서는 전체 3부 13장으로 구성하여 관광학의 분야별 내용과 최신현황을 제시하였으며, 각 장별로 관련된 국내외 출처를 소개하여 현시점에서 관광이 어떻게 발전하고 있는지에 대한 이해를 도모하였다.

제1부는 관광학에 대한 개념, 발전과 효과 그리고 새로운 관광의 동향을 소개하여 기본적인 관광의 이해를 돕고자 하였다.

제2부는 관광자원과 관광개발의 이해로 관광자원의 개념과 특성 그리고 자연 관광자원, 문화 관광자원, 사회 관광자원, 산업 관광자원, 위락 관광자원으로 분류하여 내용과 함께 세계유산 등 국내외 현황과 사례로 구성하였다. 관광개발의 이해에서는 관광개발계획 수립과 개발 그리고 향후 개발방향을 이해하도록 구성하였다.

제3부는 관광사업의 이해로 관광사업의 개요와 분류 그리고 여행업, 관광숙박업, 국제회의업, 카지노업, 테마파크업, 관광교통업, 외식사업으로 구성하였다. 종사원의 자격과 업무를 소개하여 성공적인 사회진출을 준비하는 학생들에게 유익함을 주고자 노력하였다.

본서는 저자의 20여 년 강의자료와 연구논문의 내용뿐만 아니라 훌륭한 국내외 선행연구, 각종 통계자료, 정부와 기업의 내부자료 등을 참고하였으며 본서가 관광학도는 물론, 관광업계 및 일반인에게도 유용하게 활용되기를 기대한다.

항상 부족한 저자에게 보내주신 각계 선후배, 동료 여러분들의 애정과 특히 어려운 환경에서도 한국관광의 발전을 위하여 최선을 다하시는 관광업계 여러분, 그리고 출판을 도와주신 백산출판사 임직원 여러분들의 노고에 심심한 감사를 드린다.

마지막으로 본 지면을 통해 한결같은 가족들의 따뜻한 사랑에 감사의 마음을 전합니다.

2022년 12월

저자　신우성

차례

제 1 부

관광의 이해

제 1 장 관광의 기초개념

1 관광의 개념 및 정의

인류가 지구상에 존재한 이래로 인간의 이동은 계속되고 있다. 인간의 이동에는 거주지를 떠나 다시 돌아오지 않고 정착하는 이주(移住: migration)와 거주지를 떠나 타 지역을 돌아보고 다시 돌아오는 회귀이동(回歸移動)의 형태가 있다.

오늘날 우리가 일상적으로 사용하는 '관광(觀光)'이란 용어는 영어로는 '투어리즘(tourism)'에 해당한다. 짧은 기간의 여행, 회귀를 전제로 한 이동인 순회여행(巡廻旅行)을 의미하는 'tour'로부터 'tourism'(관광)과 'tourist'(관광객)의 용어가 파생되었으며 1975년 이후 모든 국제기구에서 관광의 영어적 표현으로 통일하여 사용되고 있다.

관광은 인간 생활 속에서 다양한 요소들이 복합된 사회 · 문화적 현상으로 인식되고 있으며 이에 따라 사회과학분야의 영역에서 국내외 학자들에게 다양한 관점에서 연구되고 있다.

세계관광기구(World Tourism Organization, UNWTO)는 관광의 개념을 방문의 주요 목적이 방문국 내에서 보수를 얻는 활동을 제외하는 것으로 일상적인 거주 환경을 벗어난 주요 목적지로 1년 미만 동안 여행하는 행위라고 정의하고 있다.

관광의 개념 규정과 같은 기초이론의 체계화는 관광학의 학문적 체계를 정립하기 위한 중요한 연구과제이다.

〈표 1-1〉 관광의 개념에 대한 국내외 학자들의 정의

학자	정의
슐레른 (H. Schulern, 1911)	일정한 지역 · 주(州) 또는 타국에 가서 머물다가 되돌아가는 외래객의 유입(流入) · 체재(滯在) 및 유출(流出)의 형태를 취하는 모든 현상과 그 현상에 직접 결부되는 모든 사상(事象), 특히 경제적인 모든 사상을 나타내는 개념
보르만 (A. Bormann, 1931)	관광은 휴양 · 유람 · 상용 또는 특수한 행사의 참여나 기타의 사정 등에 의하여 거주지에서 일시적으로 떠나는 여행
오길비 (F.W. Ogilvie, 1933)	복귀할 의사를 가지고 1년을 넘지 않는 일정 기간 동안 일시적으로 거주지를 떠나 여행지에서 취득한 것이 아닌 돈을 소비하는 활동
글뤽스만 (R. Glücksmann, 1935)	체재지에서 일시적으로 머무르는 사람과 그 지역에 살고 있는 사람들 간의 여러 가지 관계의 총체
훈치커와 크라프 (W. Hunziker & K. Krapf, 1942)	여행지에 머무르는 동안 영리활동의 추구를 목적으로 정주하지 않는 경우로, 그 외국인의 체재(滯在)로부터 발생되는 모든 관계나 현상에 대한 총체
쓰다 노보루 (津田 昇, 1969)	일상생활권을 떠나 귀환 예정으로 타국 · 타 지역의 문물 · 제도 등을 시찰하거나 풍광을 관상 · 유람할 목적으로 여행하는 것
레이퍼 (N. Leiper, 1979)	여행 중 보수를 목적으로 한 경제활동을 제외하고 인간이 일상 주거지를 떠나 자유로이 여행하며 1박 이상 동안 일시적으로 체류하는 것을 내용으로 구성되어 있는 체계
매킨토시 (R.W. McIntosh, 1986)	관광객과 다른 방문자들을 유치 · 접대하는 과정에서 관광객 · 관광사업자 · 정부 · 지역사회 간의 상호작용으로 야기되는 현상과 관계의 총체

관광 개념은 지금까지 논의된 국내외 학자들의 정의를 토대로 다음의 속성으로 정리할 수 있다.

첫째, 관광은 관광객들이 일상생활 영역(심리적 영역)을 떠나 타 지역으로의 공간적 범위 이동이 이루어지며 다시 일상생활 영역으로 돌아오는 행위이다.

둘째, 관광이란 관광객들의 관광욕구를 충족시키기 위한 행위이자 사회 · 문화적 행위이다. 관광욕구에는 풍물 · 풍습 · 자연 등을 감상하고 즐기는 위락적 활동과 배우고 견문하는 지식적 활동이 있으며 개인의 만족감을 추구하는 정신적 활동 등으로 다양하다.

셋째, 관광은 일정기간 동안 일시적 이동이 이루어지는 시간적 범위와 활동이 수반되는 공간적 범위가 필요하다.

넷째, 관광활동을 하기 위한 경제적 소비행위가 수반된다.

다섯째, 관광은 영리추구를 목적으로 한 활동이 아닌 자유의지에 의한 자유시간 내의 행위일 뿐만 아니라 자유를 재량껏 즐길 수 있는 여행이어야 한다.

따라서 본서에서는 관광을 일상생활권을 떠나, 다시 돌아올 예정으로 타 지역으로 이동하여 영리활동이 목적이 아닌, 휴양(休養) · 유람(遊覽) 등의 위락적 활동을 목적으로 여행하는 것이며, 그와 같은 행위와 관련을 갖는 사상(事象)의 총칭으로 정의하도록 한다.

2 관광의 유사개념

1) 여행(travel)

여행(travel)은 일반적으로 여행자가 어떤 목적이나 동기에 관계없이 이동 수단에 의해 한 장소에서 다른 장소로 이동하는 행위 또는 활동을 지칭할 때 사용하는 포괄적인 개념이다.

여행과 관광은 동의어로 착각될 만큼 사회에서 혼용되기도 한다. 여행은 관광과 동일하게 이동과 비일상성을 전제로 하고 있으며 여행의 본질이 이동이라는 점에서 관광은 여행의 한 형태라고 볼 수 있다. 그러나 관광은 특정 목적을 갖고 관련 활동을 하기 위한 경제적 소비 행위가 수반된다는 점에서 차이가 있다.

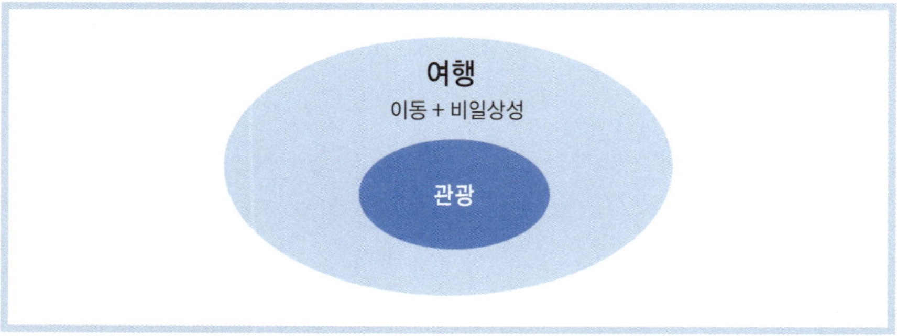

[그림 1-1] 여행과 관광의 개념

2) 여가(leisure)

여가의 사전적 의미는 "일이 없어 남는 시간", "허용된 자유 시간" 혹은 "스스로 처리할 수 있는 시간"으로 대부분 시간적 의미가 강조되어 해석된다. 이러한 관점에서 여가는 인간의 생활시간 중 노동과 생명유지를 위한 생리적 필요시간을 제외한 완전한 자유 시간을 의미한다.

여가는 생리적 필요, 개인 및 사회적 의무와 책임으로부터 벗어나 자유로운 시간 동안 자유의사에 의해 이루어지는 활동이라고 할 수 있으며, 일상생활에서는 노동과 상반되는 개념으로 파악된다. 여가의 개념은 복합적이고 다면적인 속성을 가지고 있으며 대체로 시간적, 활동적, 상태적, 제도적 관점에서 정의가 이루어지고 있다.

〈표 1-2〉 관점에 따른 여가의 개념 분류

관점에 따른 분류	내용
시간적 관점	인간에게 주어진 하루 24시간 중에서 생명유지와 노동에 필요한 시간을 제외한 나머지 시간. 즉, 잉여시간 또는 자유 재량적 시간의 관점
활동적 관점	개인의 생활만족과 삶의 질을 추구하고자 선택하는 활동으로 규정되며 여기에는 수면, 식사, 노동과 같은 정례화된 활동이 아닌 것을 의미. 시간적 토대 위에서 여가를 이해하고자 하는 관점
상태적 관점	정신, 영적 상태를 의미하며 자유정신, 자유의지로서의 여가를 강조한 개념으로 매우 주관적인 개념
제도적 관점	여가의 본질을 노동, 결혼, 교육, 정치, 경제 등의 사회제도의 상태나 가치관의 맥락에서 규명하고자 하는 개념

3) 레크리에이션(recreation)

레크리에이션(recreation)이라는 용어는 새로운 것의 창조와 기분전환 그리고 회복과 재생이라는 의미의 라틴어 recretio에서 유래되었으며 흔히 위락(慰樂)으로 번역된다. 레크리에이션은 일상에서의 의무적인 노동으로 인해 지친 심신을 오락 활동이나 다양한 신체적 활동 등으로 회복하거나 이를 위한 제 활동을 총칭하며 여가시간에 영위되는 자발적 활동의 총체로서 여가의 하위개념이라 할 수 있다.

레크리에이션은 여가시간 즉 자유시간에 이루어지는 재생 및 사회적 편익을 증진하고자 하는 자발적 활동으로 활동적 개념이 강하며 시간적 개념이 강조되는 여가와는 차이가 있다. 이러한 차원에서 레크리에이션은 여가의 한 기능적 역할을 하며 정신적, 육체적 그리고 감정적 활동이 모두 포함된다는 점에서 단순 휴식과는 구별된다.

여가는 포괄적이고 덜 조직적이며 개인적인 동시에 내적 만족을 추구하는 데 반하여, 레크리에이션은 범위상 한정적이고 비교적 조직적이며 동시에 사회적 편익을 강조하고 있다. 또한 여가가 보통 시간의 기간이나 마음의 상태를 말하는 데 비해 레크리에이션은 공간에서의 활동을 가리킨다. 나아가 여가가 쾌락과 자기표현을 위한 것이라면, 레크리에이션은 활동과 경험의 직접적 결과로써 발생한다.

관광을 넓은 의미에서 레크리에이션활동의 하나로 볼 수도 있으나 일상거주지를 떠나 다시 일상생활권으로 돌아오기까지의 전 과정에서 일어나는 수많은 복합적인 현상이 이루어지는 활동으로서 이동의 거리가 멀고 시간적으로도 오래 소요되지만 레크리에이션은 주로 일상공간의 주변에서 일어나며 관광에 비해 상대적으로 시간이 덜 소요된다는 점에서 레크리에이션과 관광은 시간과 활동공간에서 차이점이 있다.

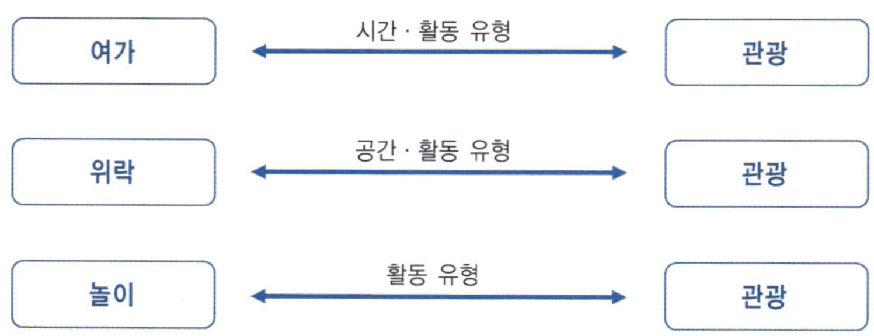

출처 : 고석면 외(2022), 관광사업론, 백산출판사.

[그림 1-2] 관광과 유사개념 간의 관계

4) 놀이(play)

놀이(play)는 일정하게 정해진 시간과 공간 범위 내에서 행해지는 것으로 인간이 하고 싶은 것을 자발적으로 행동하는 모든 종류의 활동을 의미한다. 또한 인간의 본질적 행동이자 자기 표현인 동시에 기분전환과 에너지 재창조 그리고 문화적 근원으로서 관광의 본질적 특성을 찾을 수 있다.

놀이는 여가활동의 한 형태로 인식되고 있으며 여가와 놀이는 모두 내적 만족을 추구하기 위한 자유 선택적 활동이라는 점에서 공통점을 갖는다.

〈표 1-3〉 관광과 인접개념과의 관련성

	여가	레크리에이션	놀이	여행
활동개념	자유로운 상태에서의 모든 활동과 시간	여가 중에 영위되는 활동 자체에 의해 직접적 동기가 발생하는 자유롭고 즐거운 활동	자발적 자유의사에 의한 것으로 탈일상적인 제한된 지속성을 띠는 활동	목적이나 동기에 관계없는 포괄적 이동개념
공간적 개념	사회적 의무와 책임으로부터 자유로운 상태	활동이 행해지는 한정적 범위	미리 구획된 공간에서 행해짐	어떤 수송수단을 통해서든 한 장소에서 다른 장소로 이동하는 행위
강조	자유(시간적 개념), 내적 만족	사회적 편익을 증진하고자 조직되는 자발적 활동	탈일상성과 규칙의 지배	단순 형태의 여행을 지칭

출처 : 강덕윤 외(2022), 관광학개론, 백산출판사.

3 관광의 구성요소

1) 관광의 구조

관광은 정치 · 경제 · 사회 · 문화 · 환경 등 모든 분야에 영향을 미치고 기본적으로 수요와 공급의 원리에 의해 형성된다. 관광객은 관광수요를 유발하고 이동의 주체가 되며 관광대상을 통해 관광욕구를 충족시키기 위한 다양한 관광활동을 하게 된다. 이러한 과정에서 관광객과 관광대상을 연결해주고 관광객이 관광활동을 할 수 있도록 관광사업체와 관련 서비스들이 매체적 역할을 한다. 이처럼 관광객, 관광자원, 관광관련 서비스를 공급하는 사업체, 관광지의 주민 그리고 정부 등 모든 관계 속에서 상호작용으로 인하여 사회 전반적 분야에 복합되어 나타나는 현상을 관광현상이라 한다.

구조적 이해 차원에서 관광현상은 각각의 요소들 간에 매우 밀접한 연관성을 지니고 있는 관광활동의 체계라고 볼 수 있다. 이들 구성요소 중 한 가지라도 제 기능을 못할 경우에는 제대로 관광현상이 이루어질 수 없다.

관광의 중요성이 강조됨에 따라 관광주체인 관광객과 관광객체인 관광매력물(관광자원)의 상호작용 속에서 매체적 역할을 수행하는 관광시장, 관광교통, 관광사업체, 그리고 관광행정 등과 같은 관광관련 사업자의 필요와 그 역할 또한 관광 구조체계에 있어 중요한 하나의 구성요소로 인식되고 있다.

따라서 관광의 구조는 관광주체, 관광객체, 관광매체의 세 가지 구성요소들이 연속적 · 기능적으로 상호작용하는 의존적 관계를 통하여 발생하는 하나의 체계(system)로써 설명할 수 있다.

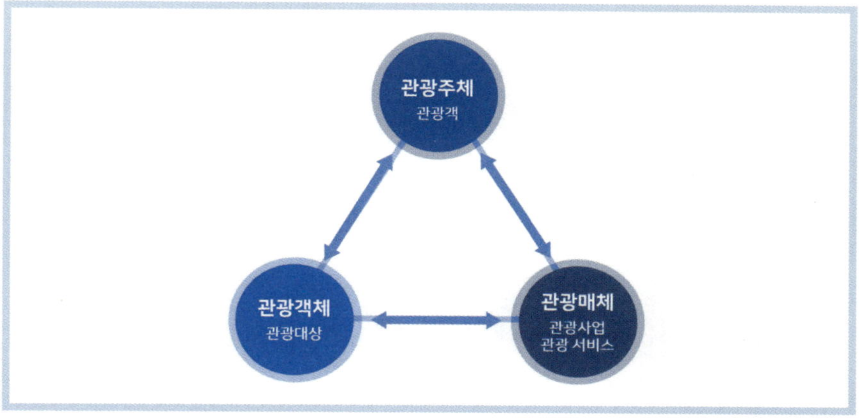

[그림 1-3] 관광의 구조

2) 관광의 3요소

(1) 관광주체

관광주체는 관광수요시장을 형성하는 관광객이다. 관광객은 관광에서 중심적 위치에 있으면서 관광객체와 관광매체가 제공하는 환경적 배경과 관광객의 심리에 영향을 주는 내적 요인인 욕구 · 동기 · 학습 · 지각 · 성격 등과 외적 요인인 가족 · 문화 · 준거집단 · 생활양식 등에 따라 관광행동을 유발하는 관광소비자인 동시에 관광수요자이다.

(2) 관광객체

관광객체인 관광객에게 매력이 되는 관광대상으로서 관광객의 욕구나 기호에 부합하면서 관광객에게 만족을 제공해 주는 관광자원 · 관광시설을 포함하며, 관광공급시장을 형성하는 중요한 요소이다.

(3) 관광매체

관광매체는 관광주체와 관광객체를 연결시켜 주면서 관광주체인 관광객이 요구하는 관광 서비스를 제공하고, 관광객체인 관광매력물에게는 관광개발과 진흥을 촉진시키는 역할을 수행하는 사적 기관 및 공적 기관을 말한다.

관광매체는 시간적 매체인 숙박시설 · 관광객이용시설 · 관광편의시설, 공간적 매체인 관광교통기관 · 도로 · 운수시설, 기능적 매체인 여행업 · 통역안내업 · 관광기념품판매업 · 관광정보와 선전물 등이 있다.

4 관광학의 학문적 성격 및 연구방법

1) 관광학의 학문적 성격

관광학은 관광과 관련한 모든 사상(事象) 즉 관광현상을 연구대상으로 하는 학문으로 관광학이 갖고 있는 학문적 내용과 역할 담당에 대한 성격론(Charakteristik)에 관해서는 관광학이 성립된 때부터 논의되어 왔다. 주로 실천적 의식과 결부되어 관광을 통한 경제적 이익이 강하게 의식되어 이와 같은 이익의 증대를 위한 여러 정책의 제안을 위한 연구 차원에서 관광학에 부과된 과제로 인식되어 왔다.

오늘날 관광이라는 사회현상이 갖는 사회적 의의는 국내적으로나 국제적으로 과거와는 비교도 할 수 없을 정도로 커졌고, 그 가치가 널리 인식되기에 이르렀으나, 관광학의 성격과 역할이 본질적으로 달라지지는 않았다. 그것은 오늘날에 와서도 관광현상을 건전하게 발달시키기 위한 여러 방책을 탐구하는 기초로서 기본적 이해를 얻기 위한 연구에 두고 있는 실천적인 것이다. 이러한 실천적인 연구들은 반드시 기술적이며 실용적인 것만을 의미하는 것이 아니라, 실증을 통한 과학적 · 객관적인 것으로서 오늘날 관광학을 연구하는 학자들 사이에서는 일치된 견해라고 할 수 있다.

본격적으로 과학적인 연구가 시작된 것은 19세기 말이며 외국인 관광객의 동태를 파악하고 국제관광의 진흥을 도모하기 위한 차원에서 이루어졌다. 이후 20세기에 들어오면서 유럽에서는 미국인 관광객을 유치하려는 움직임이 활발해지면서 관광객 이동과 관련한 분석 차원에서 관광객의 수, 체재기간, 소비액 등과 관련한 국제관광통계 분야의 연구가 진행되었다.

최근 관광학의 연구는 다양한 정보에 대한 빅데이터 분석 시스템과 관광 서비스 연계를 토대로 관광객의 선호 여행지, 소비패턴, 서비스, 문화콘텐츠 등에 관한 연구로 다양화되고 있다. 또한 관광학 및 산업 발전을 위해 기존 통계를 활용한 실증 연구에 덧붙여 타 학문과의 융합 차원에서의 통섭 연구가 이루어져 학문적 범위를 넓히고 있다.

2) 관광학의 연구방법

관광을 체계적으로 연구하는 접근방법에는 두 가지 측면이 있다.

하나는 관광현상이 매우 복잡한 현상이라는 이유로 관광을 연구하려는 관광학을 단순히 사회과학의 한두 가지 학문뿐만 아니라, 자연과학 등 다른 수많은 학문분야를 고르게 취급한 종합문화과학적인 측면에서 이루어지는 연구이다.

다른 하나는 관광현상의 복잡한 다양성을 인정하면서도 연구의 방법을 한정하여 한 분야의 성과에 비추어 관광현상을 해명하고, 그러한 사실을 모아서 쌓은 후에 개별과학의 응용과학으로서 개별과학 측면에서 이루어지는 연구이다.

종합사회과학으로서의 관광학과 개별과학의 응용학으로서의 관광학 차원에서의 관광학 연구는 현재까지 지속적으로 이루어지고 있다.

관광학의 형성배경은 기존학문의 분화나 이론의 진화에 기인한다기보다는 새로운 삶의 문제의 출현에 근거하고 있으며, 학문 자체의 자발적인 인식보다는 사회의 요구와 요청에 기초하기 때문에 현실성과 실천성의 특징을 갖고 있다. 따라서 관광학은 종합학문으로서 철학적 사고를 통한 사회과학적 연구방법을 병행시켜야 하며 어느 특정한 학문적 연구에 의존하기보다는 다양한 학문분야로부터 다각적인 접근을 하는 학제적 접근방법 차원에서 응용 연구되어야 할 것이다.

제 2 장 관광의 발전

1 관광의 발전

관광이 이동을 전제로 한다는 관점에서 관광의 기원은 인류가 지구상에 존재한 이후 고대 이전까지로 볼 수 있으나 그 시기 인간의 이동은 주로 생존을 목적으로 이루어졌기 때문에 관광의 본질적 개념에서 벗어나는 것이라고 볼 수 있다. 그러나 고대의 이집트 · 그리스 · 로마 시대에서 종교, 교육, 위락, 건강 등의 목적으로 본질적 개념의 관광 형태가 본격적으로 나타나기 시작하였다.

관광은 다양한 환경적 요인들의 영향을 받으며 지속적으로 변천하고 있다. 관광의 발전과정은 관점에 따라 현상적 내용이 다르게 구분될 수 있으며 학자에 따라 관광의 역사를 구분하는 시각에도 차이가 있다. 일반적으로 시대구분, 관광동기, 관광체계요소, 관광계층, 정부역할, 정부개입, 관광현상, 관광형태, 관광진흥 등의 특성에 따라 여행의 시대, 관광의 시대, 대중관광의 시대, 대안관광의 시대, 신관광의 시대로 구분할 수 있다.

〈표 2-1〉 관광의 발전과정

구분	여행의 시대 (Tour)	관광의 시대 (Tourism)	대중관광의 시대 (Mass Tourism)	대안관광의 시대 (Alternative Tourism)	신관광의 시대 (New Tourism)
시기	고대~ 1840년대	1840년대~ 1940년대	1940년대~ 1990년대	1990년대~ 2000년대	2000년대 이후
관광 동기	종교, 건강, 교육, 탐험	종교, 상용, 건강, 휴양	상용, 휴양, 쾌락, 스포츠, 방문, 종교, 시찰, 회의, 건강, 교육, 연수, 탐험	기존 동기 + 특정관심관광 (SIT), 이문화 체험, 세계적 교류	개성화 · 다양화, 융 · 복합관광, 가상체험
관광 체계 요소	관광행동, 관광자원	관광행동, 관광자원, 관광산업	관광행동, 관광자원, 관광산업, 관광정책	관광행동, 관광자원, 관광산업, 관광정책, 관광정보	관광행동, 관광정보, 관광자원, 관광산업, 관광정책
관광 계층	특권 귀족층	부유층, 중산층	대중	전 국민	전 국민
정부 역할	역할 무의미	자유방임적 역할	주도적 역할	조성적 역할	조성적 역할
정부 개입	무(無)개입	간접적 · 소극적 개입	직접적 · 적극적 개입	직접적 · 적극적 개입	직접적 · 적극적 개입
관광 현상	개인적 차원	사업적 차원	국가적 차원	세계적 차원	국가, 세계적 차원
관광 형태	개인여행	단체여행	단체여행> 개별여행	개별여행> 단체여행	개별여행> 단체여행
관광 진흥	없음	경제적 이익	경제 · 사회적 이익	경제 · 사회 · 환경적 이익	경제 · 사회 · 문화 · 환경적 이익

출처 : 관광사업론(2022), 고석면 외, 백산출판사. 내용 일부 수정.

2 관광의 발전과정

1) 여행(Tour)의 시대

고대의 이집트·그리스·로마 시대로부터 1840년대까지를 여행(Tour)의 시대로 구분할 수 있다. 이 시대는 일부 특수계층인 귀족과 승려, 기사 등을 중심으로 종교(성지순례), 건강, 교육, 탐험 등의 목적으로 여행이 행해졌다. 고대 그리스·로마 시대의 올림피아(Olympia)대회 참가여행, 성지순례(Pilgrim), 온천(Spa)여행 그리고 우리나라 신라시대 화랑들의 집단수련 등과 같은 특별한 동기를 가진 특권계층을 위한 소규모 개별 여행형태의 특별한 여행이었다고 할 수 있다.

관광의 형태는 관광객이 자발적으로 여행을 하는 개인적 차원에서 이루어지고 관광사업의 형태는 정부나 기업의 개입이 없으며 자연발생적인 성격이 강한 특징이 있다.

2) 관광(Tourism)의 시대

관광(Tourism)의 시대는 1840년대에서 1940년대(2차 세계대전 이전)까지로 이윤추구를 목적으로 중간 매체적인 관광 서비스사업의 형태가 등장하게 된 시대이다.

산업혁명의 영향으로 관광의 계층이 귀족과 부유층뿐만 아니라 신흥중산층까지 확대되었고 관광의 동기도 종교, 상용, 건강, 휴양, 교양관광(Grand Tour) 등으로 다양화되며 관광여행이 증가하였다. 이에 따라 숙소도 단순한 숙박의 기능에서 벗어나 사교적·사업적 기능까지 수행할 수 있는 호화·상용 호텔이 등장하게 되었다. 1850년 파리의 그랜드

호텔(Grand Hotel)과 1880년 리츠(Ritz)호텔을 시작으로 1900년 이후에는 힐튼(Hilton)호텔과 같은 국제적 호텔 체인이 출현하면서 미국이 호텔산업 발전을 주도하였다.

증가하는 관광 수요에 따라 중간 매체적 역할의 필요성이 대두되었고 이윤추구를 목적으로 영국의 토마스 쿡(Thomas Cook)이 1841년 여행사를 설립(Tomas Cook & Son Ltd.)하여 철도를 이용한 단체관광(Package tour)을 모객하여 최초의 여행알선업이 생겨나게 되었다.

또한 철도의 발달과 더불어 증기선이 발달하여 영국의 타이타닉호와 같은 호화여객선이 등장하였고 1919년 런던과 파리 구간에 항공기를 이용한 최초의 여행이 시작되었으며, 다양한 교통수단의 발달은 향후 관광의 대중화에 크게 기여하게 되었다.

3) 대중관광(Mass Tourism)의 시대

대중관광(Mass Tourism)의 시대는 제2차 세계대전 이후 1940년대에서 1990년대까지로 구분된다. 소득증대와 노동시간의 감축 등 여가시간이 증가되고 다양한 대중교통 수단의 발달로 인하여 이동성과 접근성이 편리해짐에 따라 관광의 계층이 대중에게 크게 확대되는 시기이다. 관광의 동기 또한 여가선용과 자기개발활동 등으로 다양해지며 단체여행과 개별여행의 형태가 급증하였다.

관광의 대중화에 따라 국가적 차원에서 국가 경제 · 사회적 이익을 도모하기 위하여 정부가 적극적으로 개입하며 관광진흥과 발전에 주도적 역할을 하게 된다. 또한 모든 국민이 관광의 기회를 갖고 참여할 수 있도록 복지 차원에서 사회적 관광(Social Tourism)정책을 추진하고 있다. 이를 위하여 정부나 공공기관이 장애자, 노약자, 저소득층, 소외계층의 관광활동을 위한 관련시설을 확충하고 다양한 프로그램을 운영하여 국가적 차원의 국민 관광 대중화를 위해 노력하고 있다.

4) 대안관광(Alternative Tourism)의 시대

대안관광(Alternative Tourism)의 시대는 1990년대부터 2000년대까지로 관광의 계층이 전 국민으로 대중적이지만 관광의 형태가 개별여행 중심으로 변화하는 시기이다.

관광의 동기는 기존의 다양한 동기뿐만 아니라 특별한 관심분야의 활동욕구를 충족하기 위해 관심주체에 적합한 여행목적지를 방문하여 다양한 경험과 학습 등을 목적으로 하는 여행 특수목적관광(SIT: Special Interest Tourism)과 이문화(異文化) 체험, 세계적 교류의 형태로 확대되었다.

관광활동이 대중화함에 따라 관광개발로 인한 자연 · 인문 환경 훼손, 지역문화의 변형, 물가상승, 경제불안정, 사회적 비용 증가 등 각종 부정적 영향들이 발생하게 되었다. 특히 수용 가능한 범위를 초과하여 관광객이 관광지에 몰려들어 도시를 점령하고 주민들의 삶을 침범하는 오버투어리즘(Overtourism)현상과 주거지역이 관광지화(touristify)되면서 외부인들인 관광객(Tourist)의 유입으로 기존 거주민들이 다른 지역으로 내몰리게 되는 투어리스티피케이션(Touristification)과 같은 현상에 대한 비판이 확산되었다. 이에 대중관광으로 인한 부정적 영향을 최소화하고 관광의 긍정적 효과를 그 지역에 환원할 수 있는 대안적 차원의 관광이 등장하게 되었다.

세계관광기구(UNWTO: World Tourism Organization)는 “사회적으로 책임성이 있고 환경을 의식하는 새로운 형태의 관광”으로 대안관광을 정의하고 있다. 대안관광은 지속가능한 관광(Sustainable Tourism), 생태 관광(Eco Tourism), 녹색관광(Green Tourism), 책임관광(Responsible Tourism), 농촌관광(Rural Tourism), 공정관광(Fair Tourism) 등 다양한 형태로 나타나게 되었다.

▲ 이탈리아 베네치아 오버투어리즘의 대안으로 '#Enjoy Respect Venezia 캠페인'(베네치아를 윤리적으로 여행하는 가이드라인 제시)과 '디투어리즘(Detourism) 캠페인'(베네치아를 방문하는 여행객들에게 잘 알려지지 않은 여행지 소개)을 시행하여 베네치아의 자연환경 및 문화를 보존하고 시민들과 공존할 수 있는 책임감 있는 관광문화 정착과 지속가능한 관광을 장려함.

출처 : https://www.comune.venezia.it/ko/content/enjoyrespectvenezia
https://www.comune.venezia.it/en/content/detourism-itinerari-sostenibili

5) 신관광(New Tourism)의 시대

2000년대 이후는 경제적 성장을 바탕으로 정보통신기술(ICT: Information and Communication Technologies) 및 첨단기술의 급속한 발전과 세계화 등 사회 전반에 환경적 변화를 가져왔다. 이에 따라 탈(脫)대중화, 개성화, 다양화, 융·복합관광, 가상체험으로 대변되는 신관광(New Tourism)의 시대로 변모하게 되었다.

관광의 형태는 단체 위주의 표준화된 패키지 여행에서 벗어나 개성이 강한 소규모 그룹과 개인을 중심으로 한 특수목적관광 형태의 관광이 더욱 성행하게 되었다. 이들은 특별한 테마관광으로서 새로운 관광지를 탐색하고 더 높은 비용을 지급하더라도 다양한 체험과 색다른 경험을 할 수 있는 고품질의 관광상품을 선호하며 관광시장의 변화를 주도하고 있다.

기존의 본능적 욕구충족을 위한 수단이었던 관광은 자아실현을 추구할 수 있는 수단으로써 여행의 질적인 부분을 더욱 중요하게 생각하며 차원 높은 다양한 형태의 관광으로 나타나게 되었다.

지능정보혁명의 시대라고도 불리는 4차 산업혁명의 시대는 2015년 이후 급속히 발전하고 있다. 인공지능(AI : Artificial Intelligence), 모바일 컴퓨팅, 클라우드 컴퓨팅, 사물인터넷, 로보틱스, 빅데이터(Big Data), 3D프린팅, 증강현실(AR : Augmented Reality), 가상현실(VR : Virtual Reality), 블루투스, 웨어러블 등으로 대표되는 첨단기술은 기존산업 분야를 비롯하여 관광산업 분야에서도 융합되어 새로운 비즈니스의 기회를 창출하고 관광 서비스 시스템에 많은 변화를 가져오고 있다. 관광이 이동과 다양한 활동을 전제로 한다는 점에서 GPS(Global Positioning System), 빅데이터(Big Data), 스마트기기 등의 활용은 관광지 및 다양한 정보 탐색과 관광 관련 상품 구매와 같은 관광객 의사 결정에 중요한 영향을 미치고 있다. 따라서 대다수의 관광 관련 서비스 기업들은 경쟁력 강화 차원에서 전략적으로 첨단기술을 도입하여 새로운 트렌드를 반영하고 급변하는 관광 수요에 적극적으로 대응하는 노력을 하고 있다.

출처 : https://korean.visitkorea.or.kr, https://apps.apple.com/kr

[그림 2-1] 한국관광공사 대한민국 구석구석의 홈페이지와 모바일 애플리케이션

제 3 장 관광의 효과

관광은 관광주체와 관광객체 그리고 관광매체와의 상호작용으로 인하여 정치 · 경제 · 사회 · 문화 · 환경 등 모든 분야에 복합되어 다양한 관광현상으로 나타난다. 관광이란 행동과 그 집합(集合)으로서의 현상이 가져온 영향을 어떠한 기준에 의해 평가하는가에 따라 그 효과와 의미는 달라지게 된다. 일반적으로 관광을 통해 기대되는 효과는 경제적 · 사회적 · 문화적 · 환경적 측면의 긍정적인 효과와 부정적인 효과로 구분할 수 있다.

1 관광의 경제적 효과

1) 국제수지 개선 효과

관광산업은 비교생산 우위론과 관세가 없는 인적 교류에 의존하는 보이지 않는 수출산업으로 관광자원이 부족한 나라들의 관광산업분야의 투자는 공산품 수출의 경우보다 실제 외화가득률 면에서 유망하다. 관광소비가 자국민의 해외여행을 통해 대외적으로 이루어질 때 그 소비는 외화소비가 되지만, 관광객 수용국 측면에서 지출은 외화획득이 되어 국민경제에 기여하게 된다.

2) 고용창출 효과

관광산업은 노동집약적 산업이며, 인적 서비스의 의존도가 높은 산업으로 타 산업에 비해 고용창출 효과가 매우 높다.

관광의 고용 효과는 크게 직접효과 · 간접효과 · 유발효과로 나뉜다. 직접효과는 관광산업과 관광관련이용시설 등에 직접 지출한 경비가 창출하는 1차적인 경제적 효과로 볼 수 있다. 간접효과는 직접 지출의 결과로 일어나는 간접 지출로써 지역관련 산업에 연속적으로 회전된다. 유발효과는 직간접적인 고용증가에 의한 지역주민의 소득증대로 지역경제가 활성화되면서 지역산업에 대한 투자로 유발되는 고용 효과이다.

3) 소득창출 및 지역경제 활성화 효과

관광객의 소비는 관련업체의 생산활동에 연계되어 파급됨으로써 생산업체의 수입증대와 종사원의 소득증대에 기여하게 되어 지역경제의 활성화를 촉진시킨다.

직접효과는 관광객의 숙박과 식음료 및 기념품 구입 등의 소비가 해당 관광업체의 소득에 직접적으로 영향을 주는 것이며, 간접효과는 종사원 임금지불과 여러 가지 물품 · 서비스의 구입 등으로 소비하게 되는 효과이다. 또한 간접효과에서 창출된 소득은 의 · 식 · 주의 해결과 생활비로 지출되는데, 이 소비는 유발효과로서 지역경제의 활성화에 영향을 준다. 이와 같이 관광객의 소비는 관광업체에 직접적인 영향을 미치고, 그 영향은 종사원 및 협력업체의 소득에 간접적으로 영향을 주며, 지역경제에도 영향을 유발시키는 관광소득 승수효과(乘數效果)를 나타내게 된다.

4) 재정수입 효과

관광객들이 숙식·교통·기념품 구입 등에 지출한 비용은 소득효과뿐만 아니라 국가의 조세수입 증대에도 도움이 된다. 관광수입에는 일정한 비율의 세금이 부과되며, 이는 국가의 재정수입이 된다. 관광수입은 국가재정상으로 볼 때 국세, 일정한 비율로 직접세 및 간접세의 형태로 관광객에게 부과되어 세수의 증대를 가져오게 된다.

5) 물가상승·경제불안정 야기

관광객들이 현지에서 생산·조달할 수 없는 상품과 용역에 대한 급격한 수요의 증가는 해당지역에 물가상승을 야기한다. 특히 관광개발 시에는 지가상승으로 인해 해당지역주민들은 토지매매가 이루어지지 않은 상태에서 많은 재산세를 납부해야 하므로 비용부담이 증가된다.

대부분의 관광지는 계절성에 큰 영향을 받아 비수기를 겪게 된다. 관광여행은 임의적인 것이기 때문에 물가상승과 소득수준의 영향을 많이 받는다. 따라서 관광소비에 크게 의존하는 관광지의 지역경제는 급격한 성장과 완만한 성장을 동시에 경험하게 되며, 침체현상을 맞게 되는 불안정성에 처하기도 한다. 또한 관광산업은 타 산업보다 투자회수율이 낮고 관광기반시설 건설에 따른 높은 고정비용과 계절적 수요편재성으로 인해 사업주는 단기간에 이윤을 창출해내야 하는 부담이 있다.

6) 사회적 비용 증가

관광객의 유입으로 인하여 혼잡, 교통체증, 소음, 치안, 소방 대비, 환경훼손, 쓰레기 및 오수처리 등 다양한 사회문제가 야기되며 이를 해결하기 위한 공공 서비스 확충을 위한 사회적 비용이 증가하게 된다.

국가적 차원에서 관광산업분야의 발전과 관광객의 유치 확대를 위해 관광개발을 추진하고 관광진흥을 장려하는 경우에는 관련 인프라 확충, 관광사업체 지원, 마케팅 활동 등을 위한 정부의 재정 지원비용도 증가하게 된다.

2 관광의 사회·문화적 효과

1) 교육적 효과

관광을 통해 다양한 문물을 접하고 경험을 축적할 수 있다는 점에 있어서 뛰어난 교육적 효과를 가지고 있다. 교육목적에 따라 역사유적, 박물관·미술관 탐방 및 동식물원의 관람, 성지순례, 수학여행, 캠프 참가 등을 통해 다양한 분야를 직접 경험하고 그에 대한 통찰력과 문화적 가치를 깊이 이해할 수 있는 교육적 기회를 가지게 된다.

2) 문화교류의 효과

관광은 즐거움을 위한 여행으로서 그 자체가 목적일 수 있지만, 관광객들은 다양한 여행 목적지에서 지역주민의 사회와 생활양식 등 서로 다른 문화에 접하며 교류하게 된다. 관광은 서로 다른 문화의 도입과 전파의 매개적 역할을 하며 상호 문화에 대한 이해를 도모할 수 있다.

3) 국제적 친선효과

관광은 국가 간의 교류에 의하여 이루어지므로 상호 문화에 대한 이해와 친선을 도모할 수 있다. 관광의 국제적 친선효과는 인적 교류를 통한 상호 이해의 증진, 국제활동 활성화 등에 크게 기여하게 되며 관광 종사원과 해외여행자는 민간외교관의 역할을 수행하게 된다.

또한 관광객을 수용하기 위한 주변환경 개선과 사회기반시설의 확충 등으로 지역사회가 발전되며 문화의식수준의 향상은 물론 관광객들의 유입으로 지역 이미지 및 대외적인 인지도가 높아지는 계기가 된다.

4) 국가홍보 효과

관광의 활성화를 통해 관광지가 속해 있는 국가를 내외국인에게 홍보하는 효과를 도모할 수 있다. 관광은 단순히 경제적 효과만을 위해 발전시키는 것이 아니며 관광을 통한 국가홍보 효과는 자국의 민족적 우수성을 세계에 알리는 역할을 담당하며 국익에 영향을 준다.

5) 지역문화의 변형

관광은 이질적인 문화의 장기간 상호 접촉교환과정에서 보다 강한 문화가 약한 문화를 지배하는 현상이 나타나는 것과 같이 형평과 균형을 이루지 못하고 지역문화를 변형시킬 수 있다.

또한 지역문화의 관광상품화 과정에서 지역주민들은 심리적 소외감, 빈부격차 등 부정적 감정들을 느끼게 될 수도 있다.

3 관광의 환경적 효과

1) 관광 제반시설의 확충

관광객들이 이용하는 제반시설의 편의성을 보장하기 위해 지역의 물리적 환경을 개선시킴은 물론, 공공환경도 정화하고 접근이 용이하도록 시설을 확충함으로써 관광객뿐만 아니라 지역주민에게도 그 편익이 돌아갈 수 있도록 기회를 제공할 수 있다.

2) 관광자원의 개발과 보전

관광자원의 효율적인 개발을 통해 새로운 관광자원을 개발하여 활성화시키고, 기존의 자원을 보호 및 보존하며, 이에 부합된 편의시설을 확충함으로써 관광자원의 가치를 제고시킬 수 있다.

3) 자연 · 인문 환경 훼손

관광개발이 경제적 이익만을 추구하는 경우 개발지 주민과 주변지역에 환경오염, 토양과 식생의 변화, 생태계 변화, 부적절한 하수 및 처리시설, 주거조건 악화 등의 피해를 줄 수 있다.

또한 관광객 급증에 의한 혼잡현상 유발뿐만 아니리 미풍양속 등의 전통문화를 파괴하여 지역정서를 왜곡시키고 현지인들의 가치관을 혼돈에 빠지게 할 우려가 있다. 즉 폐쇄적인 전통사회가 갑작스럽게 외부세계에 노출되는 경우 주민들의 사생활 침해가 발생하고 관광객들의 퇴폐적인 행태는 현지인들에게 악영향을 미침으로써 전통문화 파괴현상 등 부정적인 상황을 발생시킬 수도 있다.

제 2 부

관광자원과 관광개발의 이해

제 4 장 관광자원의 이해

1 관광자원

1) 관광자원의 개념

관광자원(Tourism Resources)이란 관광욕구의 대상으로 관광행동의 목표가 될 수 있는 모든 것으로, 관광객으로 하여금 관광동기나 의욕을 충족시키고, 관광행동을 일으키게 하는 유 · 무형의 관광대상을 뜻한다. 다시 말해 관광객을 매료시킬 수 있는 매력성과 유인성의 특징을 지닌 것이다. 즉, 관광자원이란 관광산업에 있어서는 경제적 가치를 가지며, 관광객에 있어서는 위락적 · 문화적 · 교육적 가치를 갖는 관광대상물을 의미한다.

관광주체인 관광객을 유인할 수 있는 관광대상으로서 관광객체인 관광자원은 관광목적과 형태 등에 따라 다양하게 존재한다. 종래까지는 관광의 대상이 될 수 없었던 자원도 대중관광의 보급과 함께 새로운 관광자원으로 주목받기도 하며, 그와 반대로 관광자원으로서의 매력을 점차 상실해 가는 자원도 있다. 그러나 그것이 유형물이든 무형물이든 관광객을 유인할 수 있고, 관광수입을 올릴 수 있는 산업성을 띠고 있다면 관광자원이 되는 것이다.

관광이란 대부분 여행이라는 관광적 현상으로 나타나므로 관광동기는 여행동기와 같이 생각할 수 있는데, 인간이 지금까지 가보지 못한 지방 또는 나라의 경관 · 기후 · 풍토 등의 자연환경과 사적 및 풍물 등의 역사적 환경, 그리고 문화시설 등의 사회적 환경 등을 대상으로 하는 것이다.

오늘날 우리 인간에 있어서 관광동기란 인간의 본능이라고 볼 수 있는 관광욕구로서 인간은 일상적 생활환경에서 벗어나려는 욕구가 작용하는 관광으로 유도되게 된다. 이러한 관광욕구가 관광동기를 유발하게 되며, 관광동기는 실제로 복잡한 동기가 결합되어 발생하나 일상생활권을 떠나는 이동 그 자체가 관광욕구를 만족시켜 주기도 하기 때문에 이 세상에 있는 모든 것이 관광자원이 될 수 있다.

그러나 관광자원에는 인공적으로 손을 대지 않고서도 원래의 자연 그대로 관광자원으로서의 가치를 지니고 있는 관광자원과 인공적으로 개발한 관광자원이 있다. 자연적인 관광자원은 매우 한정되어 있기 때문에 급변하는 관광시장에서 관광객의 욕구 충족과 만족도를 높이기 위해서는 인공적인 관광자원 개발의 필요성이 대두되고 있다.

2) 관광자원의 특성

관광자원은 관광객의 욕구 및 동기를 충족시켜 줄 수 있는 유 · 무형의 다양한 효용성을 갖고 있는 자원으로 관광목적물로서의 대상이 된다. 또한 관광상품으로서 위락적 · 문화적 · 교육적 가치 요소 등 고유의 매력성을 바탕으로 관광객들의 관광욕구나 관광동기를 일으키는 유인성의 특성을 갖는다.

관광자원은 관광 가치를 지닌 자원의 개발을 통하여 관광객의 관광대상이 되며 자연과 인간의 상호작용의 결과물이라 할 수 있다.

관광자원은 자연자원과 문화자원, 유형자원과 무형자원 등 그 범위가 넓고 다양하다. 또한 사회구조, 시대, 지역, 기술, 환경 변화 등의 영향을 받으며 인종적 요소, 종교적 요소, 역사적 요소, 문화적 요소, 지리적 요소 등에 의하여 그 가치를 달리한다.

관광자원이라는 것은 자연·인문관광자원이 상호 융합되어 하나의 완전한 관광자원으로서 가치를 발휘하게 되므로 관광자원에 대한 보호와 육성을 기본으로 개발이 이루어져야 한다. 아무리 개발이 잘되고 우수한 자원이라도 이를 잘 보전·보호하지 못한다면 본래의 매력이 상실됨은 물론이고, 관광 가치성의 발휘와 개발의 효용이 없어지게 될 것이다. 관광대상으로서 중요한 가치를 갖는 관광자원은 고유 가치를 유지하기 위한 보존의 노력이 필요하며 원형 그대로 유지될 수 있도록 보호되어야 한다.

이처럼 관광자원이 지닌 특성을 종합해 보면 매력성, 유인성, 개발성, 다양성, 가치변화성, 보존·보호의 필요성 등으로 정리할 수 있다.

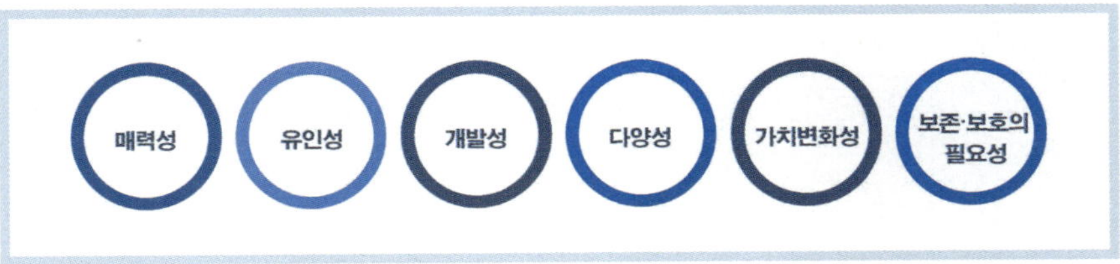

[그림 4-1] **관광자원의 특성**

2 관광자원의 분류

관광자원은 관광자원 가치 · 관광행동 특성 · 관광시장 특성 · 관광지 특성 등 관점에 따라 다양하게 분류될 수 있다.

시대적 변천, 관광활동의 변화와 그에 따른 관광자원의 상대적 중요성의 변화, 새로운 관광자원의 출현 등으로 관광자원의 분류는 능동적으로 새로운 분류체계를 나타낼 수 있으나, 현재 우리나라에서는 자연 관광자원, 문화 관광자원, 사회 관광자원, 산업 관광자원, 위락 관광자원의 5가지 유형으로 분류하는 것이 일반적이다.

〈표 4-1〉 관광자원의 유형과 구성요소

유형	구성요소
자연 관광자원	산악, 내수면, 해안, 온천, 동굴, 지형, 지질, 천문, 기상, 도서, 동식물, 자연현상 등
문화 관광자원	고고학적 유적, 사적, 유 · 무형문화재, 기념물, 민속자료, 박물관, 기타 문화시설 등
사회 관광자원	풍속, 행사, 생활, 예술, 종교, 철학, 교육, 미술, 국민성, 음식, 사회형태, 인정, 예절 등
산업 관광자원	공업단지, 유통단지, 관광농업, 백화점, 견본시설, 공업시설 및 생산공정 등
위락 관광자원	수영장, 놀이시설, 레저타운, 낚시터, 카지노, 보트장, 주제공원, 골프장, 스키장 등

1) 자연 관광자원

자연 관광자원은 자연환경을 대상으로 하며, 여러 관광자원 가운데 가장 원천적인 것이라 할 수 있다. 이 지구상에는 서로 다른 여러 자연환경이 존재하는데, 기후조건에 따라 열대로부터 건조대 · 온대 · 냉대 · 한대지방이 있고, 지형적으로는 산악에서 고원 · 평지 · 하천 · 계곡 · 폭포가 있으며, 지질구조상으로는 침식의 연대에 따라 빙하가 있고, 화산지형 등이 존재한다. 또 해양에는 섬이 있으며, 지상에는 각종 수목과 동식물이 서식하고 있고, 해양과 하천에는 많은 어류 등이 살고 있다. 그러나 이러한 자연환경은 이 지구상에 골고루 일률적으로 분포되어 있는 것이 아니라 기후적 조건과 지형적 요인들에 따라 복잡하게 결합되어 각 지역의 독특한 자연 관광자원의 가치를 형성하게 된다. 즉, 자연환경의 상태에 따라 지역차가 이루어지고, 이러한 현상이 관광욕구를 충족시켜줄 수 있는 관광대상으로서 자연 관광자원이 된다.

또한 자연 관광자원의 가치는 도로와 교통수단 등의 개발조건과 결합되어 관광자원으로 가치를 발휘하게 된다.

산업구조의 변화는 인간생활에 대변혁을 가져왔고, 그 결과로 인간의 자연지향성은 더욱 높아져 관광활동에 있어서도 자연 관광자원에 대한 비중은 더욱 커지고 있다. 이에 따라 관광자원의 개발형태는 주로 자연자원을 대상으로 개발되는 추세를 보이고 있으며 이에 대한 보호 · 육성의 중요성은 더욱 강조되고 있다.

(1) 산악 관광자원

관광의 대상인 관광자원 가운데 가장 원천적인 것이 자연 관광자원이며, 자연 관광자원의 기초는 산지라고 할 수 있다. 산악관광지는 기암·절벽과 아름다운 계곡, 울창한 산림과 호수, 사계절의 변화, 토양, 그 속에서 살아가는 동식물의 생태 등 관광자원의 대표적 형태로 자연 관광자원의 압권이라 할 수 있으며, 이러한 자연의 신비성을 경험하기 위하여 많은 관광객들이 산악관광지를 관광대상으로 하고 있다. 산악은 그 지형지모가 주는 미적 가치에 대해서 계절성·시간성·접근성의 차이로 가치에 차이가 있을 수 있다.

일반적으로 산악관광지는 등산·하이킹·캠프·스키·피서·경관감상·보건·휴양 등의 목적으로 이용된다. 그리고 산악관광지의 시설은 호텔·별장·스키장·캠프장·온천장 등의 시설로써 형성되며, 특별한 지형을 이용한 삭도(케이블카, 리프트 등)업이 시설된다.

과밀화와 공해를 유발하는 도시화된 일상으로부터 벗어나 산을 찾아 자연과 함께 지내고자 하는 현대인들의 욕구는 전문적인 등산활동에 이르기까지 대중화되고 있다. 최근 숙박시설을 비롯한 교통, GPS 등 고도화된 통신기술의 발달은 산악관광의 활성화에 기여하고 있다.

① 국립공원

자연환경의 보전과 지속적인 활용, 국민의 여가와 휴양 및 정서생활의 향상을 기하기 위하여 지정한 구역인 자연공원은 국립공원, 도립공원, 군립공원, 지질공원 등으로 구분하여 관리하고 있다.

우리나라의 자연공원은 총 93개소(총면적 21,261.136㎢)로 이 중 국립공원 22개소(6,726.298㎢), 도립공원 30개소(1,147.547㎢), 군립공원 28개소(254.528㎢), 지질공원 13개소(13,148.99㎢)이다(2021.12.31. 기준).

국립공원은 우리나라를 대표할 만한 자연생태계나 자연 및 문화경관의 보전을 전제로 지속가능한 이용을 도모하고자 환경부장관이 지정하고 국가가 직접 관리하는 보호지역이다. 국립공원의 지정은 자연공원법령의 규정에 따라 지정대상지역의 자연생태계, 자연경관, 문화경관, 지형보존, 위치 및 이용편의로 구성되는 다섯 가지의 필수 요건을 만족해야 한다.

우리나라에는 1967년 국립공원 제도(법률 제1909호)가 도입되고 지리산이 제1호 국립공원으로 지정되면서 현재 22개의 국립공원이 지정 · 관리되고 있으며 유형에 따라 산악형(18개), 해상 · 해안형(3개), 사적형(1개) 공원으로 관리 · 운영되고 있다.

국립공원 내 동식물자원으로는 총 23,447종이 서식 · 분포하는 것으로 조사되었으며 이 중 환경부 지정 멸종위기종 267종 중 177종(66.3%)이 서식하는 것으로 확인되었다(2022.3.22. 기준).

또한 대표적인 문화자원으로 국가지정문화재인 국보(42건), 보물(169건), 사적(43건), 명승(32건), 국가무형문화재(8건), 국가민속문화재(3건), 천연기념물(74건)을 비롯한 시도지정문화재 등 총 777건의 지정문화재가 소재하고 있다.

국립공원의 탐방객 수는 35,901,970명(2021.12.31. 기준)으로 국민들이 자연경관과 문화경관을 즐길 수 있는 휴식공간으로서의 역할을 하고 있다.

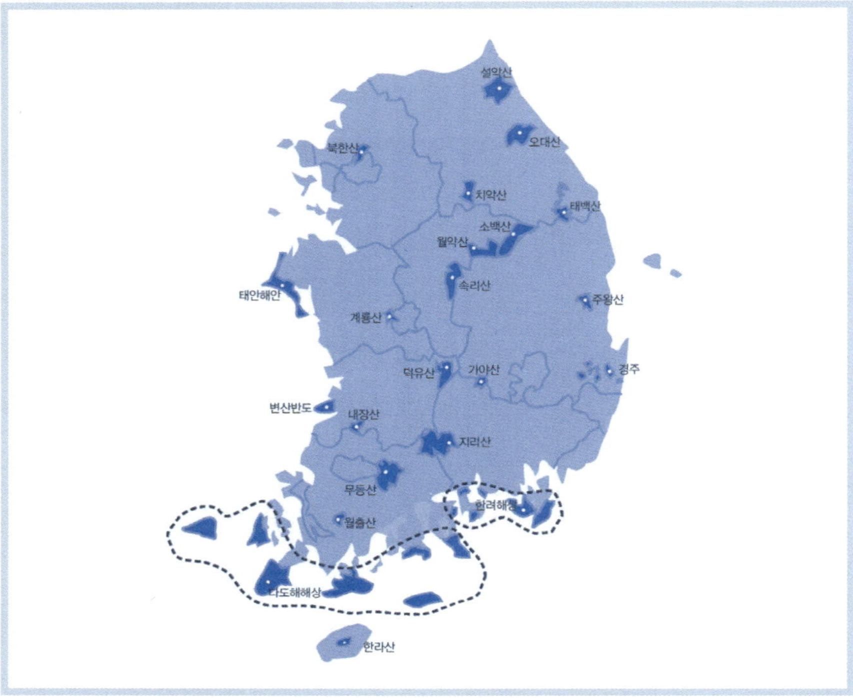

[그림 4-2] 국립공원의 분포

▲ 설악산국립공원

▲ 다도해상국립공원

▲ 한라산국립공원

② 산림휴양시설

급증하는 생태관광수요를 산림에서 적극적으로 흡수하고 국민 정서 함양과 보건휴양 및 산림교육 등을 위하여 산림경관이 수려하고 국민이 쉽게 이용할 수 있는 지역에는 자연휴양림이 조성된다.

자연휴양림에는 산림문화휴양관, 숲속의집, 야영장, 숲속수련장, 숲 체험코스, 산책로 등의 시설을 갖추고 산림문화·교육프로그램, 숲체험과 숲해설, 산림욕, 산림레포츠 등 다양한 콘텐츠를 제공하고 있다.

전국 자연휴양림은 국립 46개소, 공립 116개소, 사립 24개소로 총 186개소가 운영되고 있다(2021.12.31. 기준).

또한 도심지까지의 접근성이 좋고 지역주민의 이용빈도가 높은 지역에는 산림 안에서 맑은 공기를 호흡하고 접촉하며 산책 및 체력단련 등 국민 건강증진을 위한 목적으로 산림욕장이 조성된다.

산림욕장에는 산책로, 자연관찰로, 탐방로, 간이체육시설 등 산림욕과 체력단련에 필요한 기본시설을 갖추고 있다.

전국 산림욕장은 공립 210개소, 사립 3개소로 총 213개소가 운영되고 있다(2021.12.31. 기준).

〈표 4-2〉 자연휴양림 및 산림욕장 운영현황

(단위 : 개소/ha)

구 분	자연휴양림		산림욕장	
	개소 수	면적(ha)	개소 수	면적(ha)
국립	46	106,609	–	
공립	116	22,525	210	10175.6
사립	24	1,810	3	113
계	186	130,944	213	10,288.6

출처 : 산림청(2022), 「임업통계연보」, 2021년 12월 31일 기준 참고. 저자 작성.

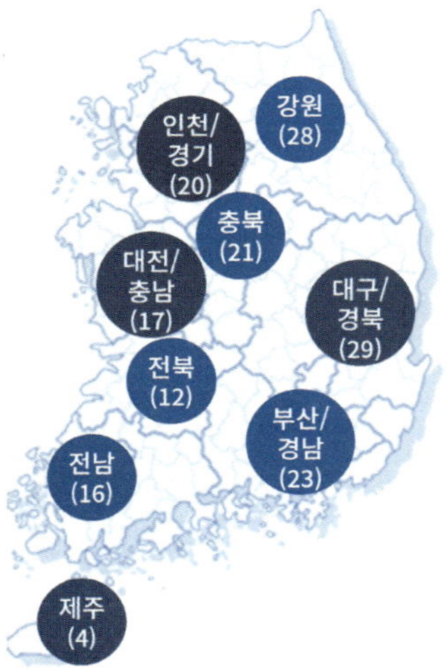

출처 : https://www.foresttrip.go.kr/

[그림 4-3] 국내 자연휴양림 현황

(2) 내수면 관광자원

물은 인간생활에 그 쓰임의 폭과 양, 그리고 긴요성에 있어서 가장 중요한 자원 중의 하나로 가정 · 도시 · 농업 · 공업 · 교통 · 관광 · 스포츠 등 다방면에 활용되고 있다. 오늘날에는 다목적댐, 호수 관광, 낚시, 내수면 마리나, 수상 스포츠 등 형태적 · 경관적 측면에서 수자원을 시대와 인간의 필요성에 따라 다양하게 관광자원화하고 있다.

대표적 내수면 관광자원으로는 하천과 호수가 있다.

우리나라의 하천은 한강권역, 낙동강권역, 금강권역, 영산 · 섬진강권역의 4개 권역으로 구분되며 주요 하천 5대강을 긴 순서대로 나열하면 낙동강이 가장 길고 한강, 금강, 섬진강, 영산강 순이다. 유역면적은 한

강이 가장 넓다.

대다수의 하천들이 국·도립공원이나 관광지에 포함되어 주요 산맥 사이를 흐르고 산악관광자원과 연계되어 자연적 경관을 이루고 있어 훌륭한 관광자원이 되고 있다.

호수는 바다와 직접 연결되지 않고 사방이 육지로 둘러싸인 곳에 물이 고인 것을 뜻하고, 인류가 살아가는 데 필요한 물을 대주는 젖줄일 뿐 아니라 관광지 역할, 담수어 제공, 정신적 심미안 제고, 수력발전, 교통로, 상수도원 등 여러 가지를 우리 인류에게 제공해주고 있다.

관광지로서의 호수는 물과 주변의 아름다운 산악과 산림경관 및 문화유적이 한데 어울려 좋은 관광지가 되고 있으며, 조류관찰을 위한 학습여행지가 되기도 한다.

호수는 생성원인에 따라서는 자연호와 인공호로 구분되며 이 밖에 형태·염분·순환 등에 따라 여러 형태로 나눌 수 있다.

우리나라는 대부분의 하천이 노년기 산지의 저산성 구릉지대를 흐르고 있으므로 자연호는 많지 않은 편이고, 그중의 대부분은 석호이다. 석호는 잔잔한 호수와 울창한 송림 그리고 깨끗한 백사장인 사구와 사빈이 한데 어우러져 낚시터 및 해수욕장을 수반하는 경우가 많아 예부터 관광자원으로 중요시되었다.

인공호는 하천의 중류나 상류를 막은 댐형과 하천이 바다와 만나는 하류 입구를 가로막아 생긴 하구언형으로 크게 나눌 수 있으며, 최근에 인공호는 상수원, 관광, 홍수조절, 교통용, 관개용, 공업용수 등을 공급하기 위한 다목적용으로 건설되고 있어 인공호에서는 수상스포츠와 각종 동적인 활동이 이루어지고 있다.

〈표 4-3〉 우리나라 주요 하천

하천명	총길이	경로	특징
낙동강	510㎞	강원도 태백에서 발원하여 울진, 안동, 문경, 대구, 부산 등을 거쳐 남해로 유입	남한에서 길이가 가장 길고 다양한 습지 형성 및 철새 도래지
한강	497㎞	본류인 남한강은 강원도 금대산에서 발원, 지류인 북한강은 강원도 금강산 부근에서 발원되어 경기도 남양주시 두물머리에서 합류해 서울을 거쳐 서해로 유입	우리나라의 하천 중 유역면적이 가장 넓고 소양강댐, 춘천댐, 의암댐, 청평댐, 팔당댐 등 소재
금강	327㎞	전북 장수군 마이산에서 발원하여 무주, 영동, 청주, 대전, 논산, 익산을 지나 군산만에서 서해로 유입	금강유원지가 조성, 대청댐 소재
섬진강	212㎞	전북 진안군 팔공산에서 발원하여 남원, 순창, 구례, 하동군 등을 지나 남해로 유입	화엄사, 쌍계사, 지리산 국립공원, 한려해상 국립공원 소재
영산강	129.5㎞	전남 담양군 월산면 병풍산에서 발원해 나주, 영암, 목포 등을 거쳐 서해로 유입	섬진강 하구지역은 하천 범람 등의 방지 위해 하굿둑 축조

(3) 온천 관광자원

일반적으로 온천은 화산지대 및 화산활동이 있는 지역에 많이 분포하고 있으며 형태에 따라 광천온천(spa), 감탕(clay), 간헐천(geyser) 등으로 구분된다.

온천은 지하수가 지열에 의하여 더워져서 자연 용출하거나 인공적으로 끌어올린 지하수로서 수온이 그 지역의 연평균 기온이나 얕은 지층의 지하수 수온보다 높은 것으로 온천의 온도 규정은 나라마다 다르다.

우리나라는 지하로부터 용출되는 25℃ 이상인 온수로 그 성분이 인체에 해롭지 아니한 것으로 규정하고 있으며 국내 이용 중인 온천의 온도는 25℃~30℃의 저온형 온천이 49%, 고온으로 분류되는 45℃ 이상은 25%의 비율로 분포하였다. 이 중 경남 부곡이 78℃로 가장 높고, 부산 동래 70℃, 충북 수안보 53℃, 충남 온양 50℃이다.

온천은 기본적으로 온천의 3요소라 일컫는 온천수의 수량 · 성분 · 온도에 따라 가치가 좌우되지만, 주위경관이나 휴양에 적합한 기후조건, 휴양시설, 교통조건, 서비스 등에도 이용에 많은 영향을 받는다.

온천수에는 화학적 성분을 갖는 각종 광물질이 함유되어 있어 온욕효과가 크기 때문에 온천지의 성격도 전통적인 요양 온천지와 관광 온천지로 구분되어 특성을 달리하고 있으며 주변관광지와 연계한 관광지로 더욱 주목을 받고 있다.

〈표 4-4〉 우리나라 온천현황

(2022.1.1. 기준)

시 · 도	계	온천보호지구		온천보호구역		연간 이용인원 (단위 : 천 명)
		지구 수	지정면적 (단위 : m^2)	구역 수	지정면적 (단위 : m^2)	
합계	252 (547)	66 (358)	156,552,000	186 (189)	4,191,749	34,356

출처 : 행정안전부(2022), 지역균형발전과 「2022 전국 온천 현황」.

출처 : http://www.hotspring.or.kr/

[그림 4-4] 온천 CI(한국온천협회 인증 로고)

(4) 동굴 관광자원

동굴은 옛날부터 우리 인간과 긴밀한 관계를 맺어왔기에 지하경관의 예술성 · 신비성은 물론 문화적 · 종교적 · 학술적으로도 이용되어 동굴의 관광적인 가치는 다기능적 복합성을 지닌다. 또한 산악 · 해안 · 하천 · 계곡 등 주변의 수려한 자연경관지와 함께 개발 · 연계됨으로써 관광자원의 가치를 높이고 있다.

동굴은 형성원인에 따라 크게 자연동굴과 인공동굴로 분류하고 있다. 인공동굴이 인간의 어떤 목적에 의하여 조성된 동굴이라면 자연동굴은 자연의 힘에 의하여 형성된 것으로, 형태 · 생성원인 · 규모나 내부구조, 그리고 위치나 지질 등에 따라 매우 다양하고 복잡하게 구분된다.

국내 천연동굴은 약 1,000개소로 추정되며 이 중 천연기념물로 지정된 천연동굴은 총 21건이 있다(2022.12. 기준).

천연기념물로 지정된 천연동굴 중 공개된 동굴로는 정선 화암동굴, 단양 고수동굴, 삼척 대이리 동굴지대, 정선 용소동굴, 제주 수산동굴, 제주 용천동굴, 단양 온달동굴, 단양 노동동굴, 정선 산호동굴, 제주 한림 용암동굴지대(소천굴, 황금굴, 협재굴), 제주 김녕굴과 만장굴, 평창 섭동굴, 제주 선흘리 벵뒤굴, 울진 성류굴, 영월 고씨굴, 거문오름 용암동굴계 상류동굴군(웃산전굴, 북오름굴, 대림굴)이 있다.

천연동굴 보호를 위해 공개가 제한된 동굴로는 익산 천호동굴, 삼척 초당굴, 평창 백룡동굴, 제주 어음리 빌레못 동굴, 제주 당처물동굴 등이 있다.

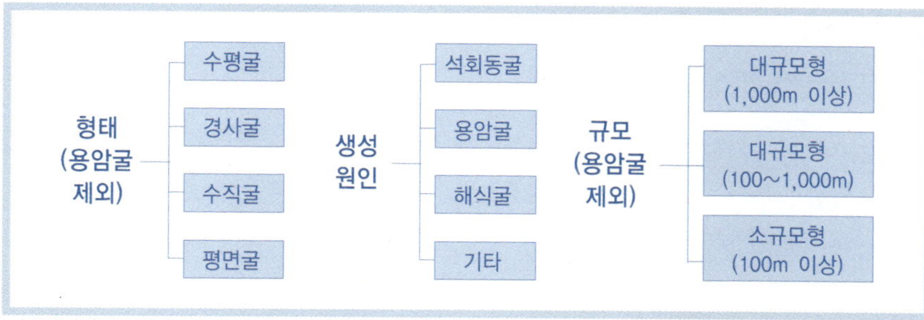

[그림 4-5] 자연동굴의 분류

▲ 석회동굴

▲ 용암동굴

▲ 해식동굴

(5) 해안 관광자원

해안 관광자원은 해상 · 해중 · 해저의 모든 공간을 의미한다. 우리나라는 삼면이 바다로 둘러싸여 있고, 크고 작은 도서가 많으며, 해안선이 11,500여km에 달하고, 국토면적의 3.5배가 되는 대륙붕이 있으며, 각종 생산시설 설치 및 개발이 비교적 용이한 수심 20m 이내의 수역만도 국토의 1/4에 해당하는 21,000㎢로 추정되는 등 매우 풍부하고 개발잠재력이 높은 해안 관광자원을 지니고 있다. 더욱이 동해안, 서해안, 남해안의 해안별 지형적 특색이 뚜렷하고, 자연경관이 수려하며, 청정한 해수, 해상국립공원, 해안관광지, 해수욕장, 도서 관광지 등 다양한 해안 관광자원이 산재해 있다.

해안 관광의 형태는 자연경관 감상과 어촌 · 어항 · 등대 등 인공물 또는 무형문화재 등의 인문자원을 감상하는 해안경관 감상과 해수욕, 낚시, 요트, 스킨스쿠버 등 해안 및 해양을 이용한 다양한 관광활동으로 구분된다.

(6) 생태 · 경관보전지역

생태 · 경관보전지역은 국토 개발이나 관광지 개발 등 각종 개발사업 등으로 인한 자연생태계의 훼손을 방지하고 적정하게 보호하여 생물다양성의 보존을 위해 정부에서 보호가 필요한 우수지역을 생태 · 경관보전지역으로 지정하여 관리하는 지역이다.

생물다양성(biological diversity ; biodiversity)이란 지구상에 존재하는 생물종(Species) · 생태계(Ecosystem) · 유전자(Gene)의 다양성을 의미하며 인류와 식량 안전, 의약품, 대기, 수질, 거주지 및 환경에 있어 매우 중요한 요소로서 인식하고 생물다양성의 보전과 지속가능한 이용, 유전자원의 이용으로부터 발생하는 이익의 공정하고 공평한 배분을 목적으로 전 세계 150개 정부가 생물다양성협약(Convention on Biological Diversity, CBD)을 맺고 있다.

생태 · 경관보전지역의 대상은 자연상태가 원시성을 유지하고 있거나 생물다양성이 풍부하여 보전 및 학술적 연구가치가 큰 지역, 지형 또는 지질이 특이하여 학술적 연구 또는 자연경관의 유지를 위하여 보전이 필요한 지역, 다양한 생태계를 대표할 수 있는 지역 또는 생태계의 표본지역, 그 밖에 하천 · 산간계곡 등 자연경관이 수려하여 특별히 보전할 필요가 있는 지역이다.

이처럼 자연환경보전법에 의거 환경부장관이 지정하며, 시 · 도지사는 생태 · 경관보전지역에 준하여 보전할 필요가 있다고 인정되는 지역을 시 · 도생태 · 경관보전지역으로 지정하고 있다.

2022년 7월 기준으로 생태 · 경관보전지역으로 지정된 곳은 총 32개 지역으로 총면적 285.934㎢ 규모이다. 이 중 환경부가 지정한 생태 · 경관보전지역은 총 9개 지역(248.029㎢)으로 지리산, 섬진강 수달서식지, 고산봉, 붉은박쥐서식지, 동강유역, 왕피천 유역, 소황사구, 하시동 · 안인 사구, 운문산, 거금도 적대봉 등이다.

또한 시 · 도지사가 지정한 생태 · 경관보전지역은 총 24개 지역(37.907㎢)으로 서울지역에서는 한강밤섬, 남산, 인왕산, 백사실 계곡 등 17개 지역, 울산 태화강, 강원 소한계곡, 전남 광양백운산, 경기 조종천 상류 명지산 · 청계산, 경남 거제시 고란초서식지, 부산 석은덤계곡, 장산습지 등이다.

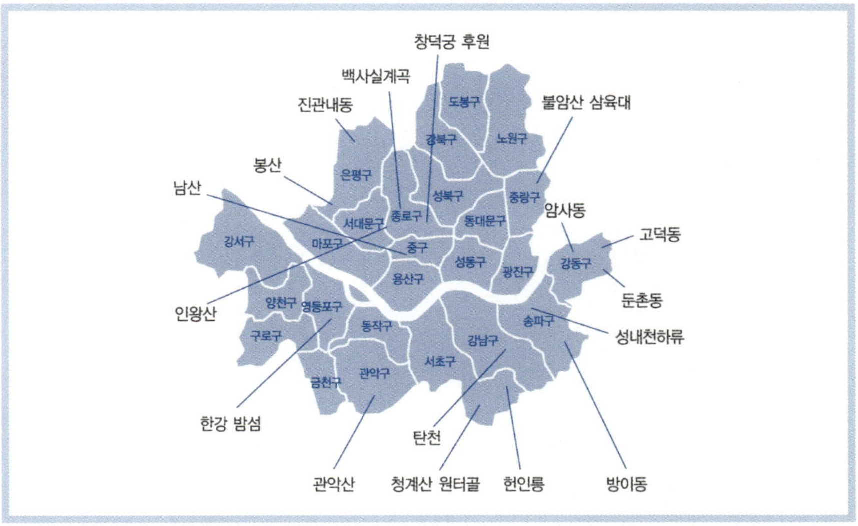

[그림 4-6] 서울시 생태 · 경관보전지역

2) 문화 관광자원

'한 집단의 구성원이 공유하는 생활양식과 관념 및 의미의 체계'를 문화라 하며, 이것은 정치제도, 경제조직, 사회조직의 원리, 신앙체계, 관습 및 가치관의 총체로서 장기간에 걸쳐서 역사적 과정, 물리적 환경, 그리고 사회적 배경에 대한 적응기재로 형성되는 것이다. 이에 문화관광자원이란 민족문화의 유산으로 국민이 보존할 만한 가치가 있고 관광매력을 지니고 있는 자원을 의미하며 유형 · 무형의 문화관광자원을 총칭한다.

문화 관광자원에는 국보(國寶), 중요문화재 등이 관광자원의 가치를 높이고 있으며 건조물이나 사적(史跡), 사찰(寺刹), 성터(城趾)는 중요한 관광대상물로서의 역할을 하고 있다.

성터, 조개무덤, 옛무덤, 궁터, 가마터, 유물포함층 등의 사적지는 전국 각지에 분포되어 있어 관광거점을 쉽게 형성할 수 있다.

역사상 · 예술상의 가치가 높은 국보 가운데서도 회화, 조각, 공예, 서적, 고고자료 등은 수도(首都)나 고도(古都)에 많이 분포되어 있으며 무형의 문화적 소산이나 의식주 · 신앙 · 연중행사 등의 민속자료는 지방에 분산되어 있다.

(1) 문화재

문화재는 우리 민족의 유구한 자주적 문화정신과 지혜가 담겨 있는 역사적 소산으로, 우리의 문화를 소개할 수 있는 관광자원이 되고 그 종류에는 유형문화재, 무형문화재, 기념물, 민속자료 등이 있다.

우리나라는 문화재보호를 위해 1962년에 「문화재보호법」을 제정하여 시행하고 있으며, 문화재란 "인위적이거나 자연적으로 형성된 국가적·민족적 또는 세계적 유산으로서 역사적·예술적·학술적 또는 경관적 가치가 큰 다음 각 호의 것을 말한다"(문화재보호법 제2조 제1항〈개정 2015.3.27., 2020.12.22.〉)고 규정하고 있다.

▲ 국보 서울숭례문

▲ 보물 서울흥인지문

① 유형문화재

건조물, 전적(典籍), 서적(書跡), 고문서(古文書), 회화(繪畵), 조각, 공예품 등 유형의 문화적 소산으로서 역사적·예술적 또는 학술적 가치가 큰 것과 이에 준하는 고고자료(考古資料)

② 무형문화재

여러 세대에 걸쳐 전승되어 온 무형의 문화적 유산 중 다음 각 목의 어느 하나에 해당하는 것을 말한다.

㉮ 전통적 공연·예술

㉯ 공예, 미술 등에 관한 전통기술

㉰ 한의약, 농경 · 어로 등에 관한 전통지식

㉱ 구전 전통 및 표현

㉲ 의식주 등 전통적 생활관습

㉳ 민간신앙 등 사회적 의식(儀式)

㉴ 전통적 놀이 · 축제 및 기예 · 무예

▲ 종묘제례악

▲ 처용무

▲ 북청사자놀음

③ 기념물

다음 각 목에서 정하는 것

㉮ 절터, 옛무덤, 조개무덤, 성터, 궁터, 가마터, 유물포함층 등의 사적지(史蹟趾)와 특별히 기념이 될 만한 시설물로서 역사적 · 학술적 가치가 큰 것

㉯ 경치 좋은 곳으로서 예술적 가치가 크고 경관이 뛰어난 것

㉰ 동물(그 서식지, 번식지, 도래지를 포함한다), 식물(그 자생지를 포함한다), 지형, 지질, 광물, 동굴, 생물학적 생성물 또는 특별한 자연현상으로서 역사적 · 경관적 또는 학술적 가치가 큰 것

④ 민속문화재

의식주, 생업, 신앙, 연중행사 등에 관한 풍속이나 관습에 사용되는

의복, 기구, 가옥 등으로서 국민생활의 변화를 이해하는 데 반드시 필요한 것

(2) 지정문화재

문화재 중 가치를 크게 지닌 것을 지정문화재로 지정하고 국가지정문화재, 시·도지정문화재, 문화재자료로 구분하여 규정하고 있다(문화재보호법 제2조 제2항).

〈표 4-5〉 지정문화재의 유형분류

<table>
<tr><th>유형별
지정권자별</th><th colspan="2">유형문화재</th><th>무형문화재</th><th colspan="3">기념물</th><th>민속문화재</th></tr>
<tr><td>국가지정문화재</td><td>국보</td><td>보물</td><td>국가무형
문화재</td><td>사적</td><td>명승</td><td>천연
기념물</td><td>국가민속
문화재</td></tr>
<tr><td>시·도지정문화재</td><td colspan="2">지방유형
문화재</td><td>지방무형
문화재</td><td colspan="3">지방기념물</td><td>지방민속
문화재</td></tr>
<tr><td>문화재자료</td><td colspan="7">문화재자료</td></tr>
</table>

① 국가지정문화재

문화재청장이 문화재위원회의 심의를 거쳐 지정한 문화재를 말한다.

〈표 4-6〉 국가지정문화재의 종류별 특징과 사례

종류	특징	사례
국보	보물에 해당되는 문화재 중에서 인류문화의 견지에서 그 가치가 크고 유례가 드문 것	서울숭례문, 훈민정음
보물	목조건축물, 석조건축물, 전적류, 서적류, 고문서, 회화, 조각류, 공예품, 고고자료, 무구(武具) 등의 유형문화재 가운데 중요한 것	서울흥인지문, 대동여지도

종류	특징	사례
사적	기념물 중에서 절터, 옛무덤, 조개무덤, 성터, 궁터, 가마터, 유물포함층 등의 사적지(史蹟地)와 특별히 기념이 될 만한 시설물로서 역사적 · 학술적 가치가 큰 것	수원화성, 경주포석정지
명승	기념물 중 경치가 좋은 곳으로서 예술적 가치가 크고 경관이 뛰어난 것	제천 의림지와 제림, 담양 소쇄원
천연기념물	기념물 중 동물(서식지 · 번식지 · 도래지 포함), 식물(자생지 포함), 지질 · 광물로서 중요한 것	수달, 대구 도동 측백나무숲
국가무형 문화재	여러 세대에 걸쳐 전승되어 온 무형의 문화적 유산 중 역사적, 학술적, 예술적, 기술적 가치가 있는 것, 지역 또는 한국의 전통문화로서 대표성을 지닌 것, 사회문화적 환경에 대응해 세대 간 전승을 통해 그 전형을 유지하고 있는 것	종묘제례악, 양주별산대놀이
국가민속 문화재	우리 민족의 기본적 생활문화의 특색을 나타내는 것 중 전형적인 것, 의식주 · 생산 · 생업 · 교통 · 운수 · 통신 · 교역 · 사회생활 · 신앙 민속 · 예능 · 오락 · 유희 등 유형적인 것	안동하회마을, 덕온공주당의

② 시 · 도지정문화재

특별시장 · 광역시장 · 특별자치시장 · 도지사 또는 특별자치도지사(이하 "시 · 도지사"라 한다)가 관할구역에 있는 문화재로서 국가지정문화재로 지정되지 않은 문화재 중 보존가치가 있다고 인정되는 것을 시 · 도지정문화재로 지정한 것을 말한다.

③ 문화재자료

국가지정문화재 및 시 · 도지정문화재로 지정되지 아니한 문화재 중 향토문화보존상 필요하다고 인정되는 것을 시 · 도지사가 지정한 문화재를 말한다.

(3) 박물관

박물관은 한 민족의 기원부터 현재에 이르는 문화재 · 문화유산 등을 시대별 · 지역별로 일목요연하게 정리하여 방문국가나 방문지의 문화를 가장 단시간 내에 체계적으로 파악할 수 있는 기회를 제공하는 중요한 관광자원이다.

우리나라에는 국립 · 도립 · 시립박물관, 대학박물관 외에도 사설박물관이 개관되고 있으며, 박물관들은 세분화 · 다양화 · 전문화되고 있다.

국립박물관은 연구조사기관으로서 미래지향적인 문화 · 전시공간, 평생교육기관, 국제문화교류의 중심지 역할을 담당하고 있다.

우리나라에는 국립중앙박물관, 국립경주박물관, 국립광주박물관, 국립전주박물관, 국립대구박물관, 국립부여박물관, 국립공주박물관, 국립진주박물관, 국립청주박물관, 국립김해박물관, 국립제주박물관, 국립춘천박물관, 국립나주박물관, 국립익산박물관이 있다.

3) 사회 관광자원

사회 관광자원이란 한 나라의 역사와 전통, 과거의 생활상과 현재를 이해하는 데 도움이 되는 사회 규범적인 자원으로 도시의 문화환경, 생활문화, 지역의 역사와 민속 및 풍습, 사람들의 소박한 인정, 국민성과 생활자료, 그리고 각종 제도와 사회공공시설 등이 포함된다.

오늘날 관광객들은 단순한 감상만이 아닌 사회 관광자원의 접근을 통해 지구상의 수많은 민족이나 사회집단의 문화의 다양성과 특수성뿐만 아니라 인류문화로서의 보편성을 발견하게 되고 다른 문화에 대한 객관적 이해의 경험을 바탕으로 자아실현욕구를 충족시키고 있다.

(1) 도시관광

도시관광은 관광객, 관광자원, 관광기업, 도시주민 등이 도시라는 공간 내에서 상호 작용하는 가운데 이루어지는 총체적 현상이라 할 수 있으며, 관광대상은 도시 자체가 지니고 있는 매력과 자연적 · 인문적 자원, 각종 위락시설 및 서비스 등을 포함한다.

도시는 주된 기능 및 자원 · 시설 등의 성격에 의해 상업도시, 문화도시, 행정도시 등으로 구분될 수 있으며 모든 도시들은 그 형성과정이나 수행하는 주기능, 보유시설 등에 의해 독특한 인문 관광자원 또는 자연 관광자원을 다양한 형태로 보유하고 있다.

▲ 런던의 빅벤(Big Ben)과 2층버스

▲ 홍콩의 야경

(2) 교육 · 문화 · 사회 시설

대학의 시설과 연구소 같은 교육시설, 세종문화회관 · 국립극장 · 국립현대미술관 · 과학관과 같은 문화시설, 국회의사당 · 사회복지시설 · 고속도로 · 교량 · 댐과 같은 건조물 등의 사회시설이 있으며, 우리 사회의 형태와 생활양식 등이 외국인 관광객에게 흥미와 매력을 주게 되며, 이러한 사물과 물체가 관광대상이 된다.

(3) 문화행사

문화행사는 문화적 가치를 표현하거나 내재하고 있는 모든 행사의 총칭으로 민속놀이나 민속문화행사 등 역사적 의미가 있는 전통문화행사는 물론, 현재 우리가 공유하고 있는 생활양식 전부를 포함하는 모든 행사를 뜻한다. 이러한 의미의 문화행사는 단순한 행사의 유형이라는 측면보다는 인간의 정신과 물질세계 전반을 포함하는 총체적 개념을 바탕으로 타국이나 다른 지역의 생활양식, 전통적 행동양식을 체험하는 행위의 총체로서 파악되고 있다.

관광행사의 궁극적인 목적은 관광매력물을 창조하는 것으로서 관광행사는 일단 관광객의 요구 및 취향을 만족시키기 위해 여러 가지 유형의 행사로 기획되고 있다. 관광행사는 관광목적지의 매력도를 제고시키고, 관광비수기를 극복하는 수단이 되며, 관광의 지역적 확대, 관광시설의 활성화, 잠재적 관광지로서의 이미지 조성, 관광시설 확충 등 도시개발 및 재개발 촉진, 관광수입 증대, 자연자원의 보존 등 '대체관광'의 새로운 형태로 자리 잡고 있다.

▲ 보령머드축제

▲ 안동국제탈춤페스티벌

▲ 구석기축제

(4) 향토특산물과 향토음식

향토특산물은 그 지역이 아니면 생산할 수 없는 상품으로 '어떤 지역에서 특별히 나오는 산물로 좁게는 그 지역의 기후나 환경 때문에 나오는 곡물 · 과일 · 채소 · 육류 · 어패류와 같은 식품류를 일컫지만, 넓게는 공산품이나 전통제품도 아울러 일컫는 말'이다.

향토특산물은 그 지역의 경제와 관광에 미치는 영향이 크기 때문에 각 지방자치단체에서는 특산물을 브랜드화하기 위해 많은 노력을 기울이고 있다.

우리나라의 지역 특산물로는 이천 도자기 · 안성 유기 · 완도 김 · 나주 배 · 전주 한지 · 영덕 대게 · 영광 굴비 · 제주도 감귤 등이 유명하다.

향토음식은 그 지방 특유의 전통적인 음식으로 그 토지의 풍토나 산물을 이용한 요리로 한 지방에서 오랫동안 이어 내려온 음식도 향토음식으로서 역사적 · 문화적 가치를 지닌다. 오늘날 지역과 국가 간의 상이한 생활관습이나 예절 · 음식물 등은 관광객에게 흥미와 관심의 대상이며, 관광의욕을 갖게 하는 매력적인 자원이 되고 있다.

예전의 여행은 경관 위주의 관광이 주를 이루었으나 근래에는 미각이 여행을 만족시키는 중요한 요소가 되어 풍물과 미각을 함께 즐기는 미식여행이 증가하고 있다.

(5) 국민성 · 민족성

국민성은 '어떤 국민에게 공통적으로 나타나는 가치관 · 행동양식 · 사고방식 · 기질 따위의 특성'으로 민족성은 '민족마다 가지고 있는 고유한 기질'을 의미한다.

지리적 위치, 기후, 역사, 종교 등 다양한 환경적 요소에 영향을 받아 각국의 국민이 갖게 되는 국민성과 민족성은 다르게 나타나기 때문에 관광객들의 흥미를 유발시키는 관광대상으로서 매력적인 관광자원이다.

(6) 민속

민속은 민간 생활과 결부된 신앙, 습관, 풍속, 전설, 기술, 전승 문화를 이르는 것으로 민속문화는 민중에 의하여 역사적으로 전승되어온 전통적인 문화이다. 그 지역에 전해 내려오는 전설과 신화, 세시 풍속, 향토색이 짙은 민속제전 등은 다른 지역에서는 경험할 수 없는 독특하고 매력적인 관광의 대상이 될 수 있다.

▲ 한국민속촌

▲ 제주민속촌

▲ 안동 하회마을

4) 산업 관광자원

산업 관광자원은 농업 · 임업 · 수산업 · 공업 · 상업 등 각종 산업시설들을 관광대상으로 하여 국내외 관광객들에게 견학 · 시찰 · 체험하게 하는 일종의 관광형태로써 이용하게 하는 제반 사업시설이다. 이러한 산업 관광자원을 활용한 관광을 산업관광이라 한다.

산업 관광자원은 현재 전 세계 각국에서 산업 · 기술 · 국력의 홍보와 관광 · 시찰 · 교육 등의 목적으로 관광상품화되며 다양하게 활용되고 있다.

산업관광이 갖는 특수성을 정리하면 다음과 같다.

첫째, 일반관광은 위락 · 휴양 등이 주요 내용이나 산업관광은 기술과 지식습득을 주요 내용으로 하고, 관광은 2차적인 것으로 하고 있다.

둘째, 각 분야의 선진국들이 실시하는 특수관광으로서 관광객의 지적 수준이 높으며, 일반관광보다 체재기간이 길다.

셋째, 해당 산업분야의 선진국이 후진국을 대상으로 진행하는 관광 활동이다. 산업 관광은 해당 산업분야의 우수한 기술을 가르쳐주거나 산업시설을 직접 보여주고 소비시장을 개척하며, 상품판매를 촉진시키는 역할을 한다.

넷째, 탈계절 관광상품이다. 연중 성수기와 비수기가 없으며 연중 원하는 시기를 선택하여 주관할 수 있다.

(1) 공업 관광

공업은 제1차 산업 생산품을 원료로 제조과정을 거쳐 중간재나 최종 생산물로 형태와 기능을 바꾸어서 경제적 가치를 높이는 산업으로 인력이나 기계를 이용한 모든 가공활동을 의미하며 제2차 산업이라고도 한다.

공장시설과 공업단지의 공장기계설비, 경영조직, 운영관리상태, 제조공장, 공장부설 기술연구소, 경영이념, 종업원교육, 후생시설 등은 산업 국가에 있어 중요 공업 관광자원의 역할을 하고 있다.

대표적인 공장시설 등을 견학 · 시찰하는 공업관광은 지식 · 교육관광의 관점에서 산업수준을 이해시키는 관광적 효과가 크다.

공업 관광자원은 우리나라의 산업 관광자원 중에서도 주류를 이루고 있으며, 우리나라의 대표적인 공업 관광대상지로는 포항종합제철, 현대제철 당진제철소, 거제 대우조선해양 옥포조선소, 수원 삼성전자, 현대자동차공장(울산, 아산, 전주), 하이트맥주공장(강원), 농심(안양, 구미 등)공장 등이 있다.

출처 : https://www.posco.co.kr/homepage/docs/kor6/jsp/prcenter/tour/s91c3000010m.jsp

[그림 4-7] 포스코 견학 신청 홈페이지

(2) 상업 관광

상업은 재화 및 서비스의 교환 또는 매개에 의해 생산자와 소비자 간에 존재하는 인적 · 장소적 · 시간적 격리의 연결을 목적으로 하는 영업으로 생산 · 유통 · 소비의 경제순환과정 중에서 유통부분에 해당한다.

상업 관광은 상업을 관광 대상화시킨 것으로 백화점이나 쇼핑센터는 물론, 상설시장과 시골의 시장은 매력있는 관광대상이 되기도 하고, 관광의욕을 자극하는 동기가 된다.

우리나라의 대표적인 상업 관광 대상지로는 담양의 죽세공품시장, 강화도의 화문석시장, 금산의 인삼시장, 한산의 모시시장 등이 지방 특산 시장으로 유명하다. 업종별로는 용산전자상가, 서울의 노량진 수산물도매시장, 서울 가락동 청과물시장, 부산의 자갈치시장, 대구의 약령시, 영남지방의 가축시장 등이 있다.

도 · 소매시장으로는 서울의 남대문시장과 동대문시장, 부산의 광복동, 대구의 동성로, 광주의 충장로 일대 시장이 유명하고, 이 시장들은 대도시 중심부에 위치하여 관광객의 접근이 용이하다. 또한 지하도의 확산으로 인하여 조성된 지하상가는 매력적인 도시관광의 대상이 되고 있다. 이 밖에도 고속버스터미널과 서초동의 꽃시장을 비롯하여 보세품점이 밀집되어 있는 이태원상가, 압구정동과 명동 쇼핑거리나 인사동 골동품 골목 등은 외국 관광객들에게 인기 있는 곳이다.

(3) 농 · 어업 관광

농업이란 '땅을 이용하여 농작물과 그 밖의 유용한 식물을 가꾸고, 가축 또는 유용한 동물을 키워내는 유기적 생산업'으로 넓은 의미에서 농산가공이나 임업도 포함한다. 농업은 생존에 가장 기본적인 식량 및 식료품을 생산하는 산업이기 때문에 인류사의 발전과정에서 오랜 기원을 갖고 있다.

농업관광은 농업을 관광대상으로 한 여행형태로, 협의로는 농장 견학 · 관찰, 영농연수 등을 일컫고, 광의로는 농업을 대상으로 한 레크리에이션이라고 할 수 있다.

농업 관광의 유형은 농촌관광휴양지, 산촌관광휴양지, 활동별 유형은 농산물 생산체험형·채취형, 농법 및 경관 관람형, 레크리에이션 활동형 등이 있다. 우리나라는 전국 각지에 농촌체험 농장, 농촌체험휴양마을 등이 조성되어 있으며 양평 수미마을, 화천 파로호 느릅마을, 금산 닥실마을, 임실 강변사리마을, 남해 두모마을 등의 체험마을이 있다.

어업은 바다, 호수, 하천 등 물속에 사는 생물을 인류생활에 유용하도록 이용·개발하는 산업으로 일반적 의미로는 자연계에서 서식하는 수산 동식물을 채취하거나 포획하는 일을 어로(漁撈)라 하며 사업의 목적으로 이루어지는 어로활동을 어업, 오락의 목적으로 하는 어로행위를 유어(遊漁, sports fishing)라 한다. 어류는 그 분포가 넓고 부존량이 풍부하며 필요에 따라 언제라도 획득할 수 있기 때문에 어업은 인류의 역사와 함께 시작되었을 것이다.

어업 관광의 유형은 어촌관광휴양지가 있고, 활동별 유형은 수산물 생산체험형·채취형, 어법 및 경관 관람형, 레크리에이션 활동형 등이 있다.

우리나라는 제주 해녀어업, 보성 뻘배어업, 남해 죽방렴, 신안 갯벌 천일염업, 완도 지주식 김양식어업, 무안·신안 갯벌낙지 맨손어업, 하동·광양 재첩잡이 손틀어업, 통영·거제 견내량 돌미역 틀잇대 채취어업, 울진·울릉 돌곽 떼배 채취어업, 부안 곰소 천일염업, 신안 흑산 홍어잡이 어업이 국가중요어업유산으로 지정되어 보전·관리되고 있는데 이와 연계된 체험형 관광상품들이 개발되어 어촌관광산업 활성화를 위한 노력이 이루어지고 있다.

5) 위락 관광자원

위락 관광자원은 인위적으로 계획되어 만들어진 관광자원으로서 특히 관광자원이 부족한 지역에서 그 중요성이 커지고 있다. 최근 관광·여가부문에 대한 수요는 보다 높은 '삶의 질'을 추구하는 방향으로 다양화·고급화되고 있고, 급속한 도시화와 산업화는 다양한 형태의 위락적 관광상품을 개발해내고 있다.

위락적 관광자원에는 테마파크·레저타운·카지노·스키장·마리나·수족관·수영장·수렵장·보트장·카누장·승마장·경마장·야영장·종합휴양업 등이 있다.

(1) 테마파크

테마파크(theme park)는 특정 주제를 중심으로 비일상적 공간의 연출을 위하여 시설, 쇼 이벤트의 연출과 공원 운영이 배타적이면서도 통일적으로 이루어지는 위락·레저 시설로 관광의 대상이 된다.

테마파크 주제는 하나 또는 두 가지 이상으로 연출될 수 있으며 그 내용은 상상의 세계, 미래과학, 친환경적 테마파크, 문화, 교육과 예술 등으로 다양하다. 테마파크가 추구하는 테마의 목적과 기능에 따라 교육·학습형 테마파크, 산업관광형 테마파크, 오락형 테마파크로 분류할 수 있다. 또한 위치와 테마 그리고 활동에 따라 동물원, 수족관, 바이오파크, 외국, 역사파크, 사이언스파크, 온천파크, 도시 리조트형 파크와 어뮤즈먼트 파크, 워터파크 등이 있다.

대표적인 테마파크로는 우리나라의 에버랜드·롯데월드를 비롯하여 미국의 디즈니랜드와 유니버셜 스튜디오가 있다.

▲ 디즈니랜드

▲ 유니버셜 스튜디오

(2) 카지노

카지노업은 전문 영업장을 갖추고 주사위 · 트럼프 · 슬롯머신 등 특정한 기구 등을 이용하여 우연의 결과에 따라 특정인에게 재산상의 이익을 주고 다른 참가자에게 손실을 주는 행위 등을 하는 업(관광진흥법 제3조 제5호)으로 정의하고 있다.

오늘날의 카지노는 카지노 산업(Casino Industry), 게임 산업(Gambling Industry), 외화획득이 높은 서비스 산업으로 인식되며 관광객의 욕구를 충족시켜줄 수 있는 관광자원이자 합법화된 여가 · 관광 활동의 하나로 자리매김하고 있다.

세계 주요 카지노들은 북미와 아시아 지역을 중심으로 카지노뿐만 아니라 MICE 산업을 기반으로 호텔, 컨벤션 시설, 레스토랑, 쇼핑몰, 공연장, 엔터테인먼트 등을 갖춘 대형 복합 리조트 형태로 개발 및 운영되고 있다.

우리나라는 외국인 전용 카지노 16개, 내국인이 입장 가능한 강원랜드카지노 1개를 포함하여 17개 카지노가 운영되고 있다.

(3) 리조트

리조트(Resort)는 '일상의 공간을 떠나 다른 공간에서 거주 · 체재할 수 있는 생활의 장소로서의 여가공간'으로, '일상의 생활환경으로부터의 격리를 전제로 일시적인 체류와 일상생활과는 이질적인 것에의 접촉을 주목적'으로 하는 관광과는 다른 것이다. 즉, 리조트는 일정 규모의 지역에 레크리에이션, 스포츠, 상업, 문화, 교양, 숙박 등을 위한 시설들이 복합적으로 갖추어져, 인간 심신의 휴양 및 에너지의 재충전을 목적으로 구성된 지역이다.

리조트단지의 부대시설로는 호텔, 콘도미니엄 등 숙박시설이 필수적이며, 스키장, 골프장, 수영장, 온천, 놀이시설 등이 있다. 방문객의 다양한 레저활동 욕구를 충족시키고 계절성을 보완하려는 측면에서 단일시설 위주보다는 복합적인 시설을 도입하여 복합화, 대형화되고 있다.

(4) 레저스포츠

레저스포츠란 여가시간에 행해지는 생계유지의 목적이 아닌 순수한 목적의 여가활동으로서의 자발적인 스포츠활동이며, 자기계발 및 자신의 기분전환과 건강을 유지 · 증진하고 삶의 질을 향상시킬 수 있게 하는 활동이다.

대부분의 레저스포츠는 개인이 여가시간에 하기에 적합한 종목들로 골프 · 스키 · 서핑 · 스쿠버다이빙 · 수상스키 · 래프팅 등이 이에 속하며 이러한 스포츠 활동을 능동적으로 즐기는 참가형의 스포츠 관광형으로 이루어진다.

또한 스포츠에는 야구, 축구, 경마, 경륜, 경정과 같이 개인이 직접 참여하지 않지만 다른 사람들의 경기장면을 직접 관람하기 위하여 자신의 거주지를 떠나 그곳에 체재하면서 관광을 함께하는 형태로도 이루어진다. 관광객은 경기관람을 위한 방문 외에 스포츠 시설에도 큰 매력을 가질 수 있기 때문에 관광객을 유입함에 있어서 관광자원으로서의 기여도가 크다고 할 수 있다.

3 유네스코 유산

유산은 선조로부터 물려받아 후손들에게 물려주어야 할 중요한 자산으로 보호하고 계승되어야 한다.

유네스코(UNESCO : United Nations Educational, Scientific and Cultural Organization)는 1945년 창설된 국제연합 교육과학문화기구로서 모든 인류에게 속하는 보편적 가치를 지닌 세계유산의 보호와 관련된 업무를 수행하고 있다.

United Nations Educational, Scientific and Cultural Organization

세계유산 World Heritage Convention

무형문화유산 Intangible Cultural Heritage

세계기록유산 Memory of the World

출처 : https://heritage.unesco.or.kr/

[그림 4-8] 유네스코와 유산 로고

1) 세계유산(World Heritage)[1)]

세계유산(World Heritage)은 1972년 유네스코가 채택한 세계 문화 및 자연 유산 보호 협약(Convention Concerning the Protection of the World Cultural and Natural Heritage; 약칭 '세계유산협약')에 따라 전 인류가 공동으로 보존하고 이를 후손에게 전수해야 할, 세계적으로 매우 중요한 가치를 가진 유산을 의미하며 문화유산, 자연유산, 복합유산으로 분류된다.

세계유산협약은 자연재해나 전쟁 등으로 파괴의 위험에 처한 유산의 복구 및 보호활동 등을 통하여 보편적 인류 유산의 파괴를 근본적으로 방지하고, 문화유산 및 자연유산의 보호를 위한 국제적 협력 및 나라별 유산 보호활동을 고무하는 데 그 목적이 있다.

세계유산 등재기준은 '탁월한 보편적 가치'(OUV : Outstanding Universal Value)를 갖고 있는 부동산 유산을 대상으로 한다. 따라서 세계유산 지역 내에 소재한 박물관에 보관한 조각상, 공예품, 회화 등의 동산 문화재나 식물, 동물 등은 세계유산의 보호 대상에 포함되지 않는다.

세계유산의 등재는 세계유산협약에 가입한 국가들이 자국 내 유산 중 탁월한 보편적 가치를 지닌 유산을 세계유산으로 등재하기 위해 신청하면, 자문기구의 평가를 바탕으로 세계유산위원회가 등재 여부를 결정한다.

전 세계에 분포되어 있는 세계유산은 문화유산 897건, 자연유산 218건, 복합유산 39건으로 총 1,154건이 등재되어 있다. 또한 위험에 처한

1) http://map.unesco.or.kr/

세계유산은 총 52건이 등재되어 있다(2021년 등재기준).

우리나라의 세계유산은 석굴암·불국사(1995년), 해인사 장경판전(1995년), 종묘(1995년), 창덕궁(1997년), 수원화성(1997년), 고창·화순·강화 고인돌 유적(2000년), 경주역사 유적지구(2000년), 제주 화산섬과 용암동굴(2007년), 조선왕릉(2009년), 한국의 역사마을: 하회와 양동(2010년), 남한산성(2014년), 백제역사 유적지구(2015년), 산사, 한국의 산지승원(2018년), 한국의 서원(2019년), 한국의 갯벌(2021년)로 총 15건이 등재되어 있다(2021.12.31. 기준).

(1) 문화유산(Cultural Heriatge)

- 기념물 : 건축물, 기념 조각 및 회화, 고고 유물 및 구조물, 금석문, 혈거 유적지 및 혼합유적지 가운데 역사, 예술, 학문적으로 탁월한 보편적 가치가 있는 유산
- 건조물군 : 독립되었거나 이어져 있는 구조물들로서 역사상, 미술상 탁월한 보편적 가치가 있는 유산
- 유적지 : 인공의 소산 또는 인공과 자연 결합의 소산 및 고고 유적을 포함한 구역에서 역사상, 관상상, 민족학상 또는 인류학상 탁월한 보편적 가치가 있는 유산

(2) 자연유산(Natural Heritage)

- 무기적 또는 생물학적 생성물들로부터 이룩된 자연의 기념물로서 관상상 또는 과학상 탁월한 보편적 가치가 있는 것
- 지질학적 및 지문학(地文學)적 생성물 및 이와 함께 위협에 처해

있는 동물 및 생물의 종의 생식지 및 자생지로서 특히 일정구역에서 과학상, 보존상, 미관상 탁월한 보편적 가치가 있는 것

- 과학, 보존, 자연미의 시각에서 볼 때 탁월한 보편적 가치를 주는 정확히 드러난 자연지역이나 자연유적지

(3) 복합유산(Mixed Properties)

- 문화유산과 자연유산의 특징을 동시에 충족하는 유산

2) 무형문화유산[2)]

무형문화유산은 공동체와 집단이 자신들의 환경, 자연, 역사의 상호작용에 따라 끊임없이 재창해온 각종 지식과 기술, 공연예술, 문화적 표현이다. 유네스코는 2003년 무형문화유산보호협약을 채택하여 인류의 다양한 문화와 창조성을 지키기 위해 노력하고 있다.

무형문화유산 등재정책은 무형문화유산의 정의와 특성(무형유산협약 제2조)에 따라 언어 그 자체나 인권에 관한 국제규범에 반하는 전통은 무형문화유산 목록 등재 대상이 되지 않는다.

무형문화유산은 긴급보호목록, 인류무형문화유산 대표목록, 모범사례목록으로 분류되어 등재된다.

긴급보호목록은 2009년 처음 선정되었으며 긴급한 보호가 필요한 무형문화유산은 35개국에 67건이 등재되어 있다(2020년 등재기준).

2) http://map.unesco.or.kr/

인류무형문화유산은 전 세계 128개국 492건이 등재되어 있다(2020년 등재기준).

우리나라의 인류무형문화유산은 종묘 및 종묘제례악(2001년), 판소리(2003년), 강릉단오제(2005년), 강강술래(2009년), 남사당놀이(2009년), 영산재(2009년), 제주 칠머리당 영등굿(2009년), 처용무(2009년), 가곡(2010년), 대목장(2010년), 매사냥(2010년), 줄타기(2011년), 택견(2011년), 한산모시짜기(2011년), 아리랑(2012년), 김장문화(2013년), 농악(2014년), 줄다리기(2015년), 제주해녀문화(2016년), 씨름(2018년), 연등회(2020년), 한국의 탈춤(2022)으로 총 22건이 등재되어 있다(2022.12.1. 기준).

3) 세계기록유산[3)]

유네스코는 전쟁과 사회변동, 문화재 불법거래 등으로 사라졌거나 사라질 위기에 처해 있는 기록유산들의 보호를 위하여 1992년 '세계의 기억(Memory of the World, MoW)'이라는 이름으로 모든 인류에게 중요한 기록유산의 체계적 보존과 접근성 향상을 위한 사업을 시작하였다.

유네스코 세계기록유산사업은 서적, 석판, 그림, 지도 등 아날로그 형태의 기록물과 오디오, 비디오 등과 같은 디지털 형태 등의 종류를 불문하고 인류의 모든 기록물이 미래세대에 잘 전수될 수 있도록 보존하는 노력을 하고 있다.

---

3) http://map.unesco.or.kr/

세계기록유산 등재기준은 영향력, 시간, 장소, 인물, 주제, 형태, 사회적 가치, 보존상태, 희귀성 등을 기준으로 선정된다. 기록유산은 일국 문화의 경계를 넘어 세계의 역사에 중요한 영향력을 끼쳐 세계적인 중요성을 갖거나 인류역사의 특정한 시점에서 세계를 이해할 수 있도록 두드러지게 이바지한 경우에 선정된다. 또는 전 세계 역사와 문화의 발전에 큰 기여를 한 인물 및 인물들의 삶과 업적에 관련된 기록유산도 있다. 형태에 있어서 향후 기록문화의 중요한 표본이 된 경우, 예를 들면 야자수 나뭇잎 원고와 금박으로 기록된 원고, 근대 미디어 등과 같은 매체로 된 기록유산도 있을 수 있다.

세계기록유산은 전 세계 124개국 및 8개 기구에 432건이 등재되어 있다(2017년 등재기준).

우리나라의 세계기록유산은 조선왕조실록(1997년), 훈민정음(1997년), 직지심체요절(2001년), 승정원일기(2001년), 해인사 대장경판 및 제경판(2007년), 조선왕조의궤(2007년), 동의보감(2009년), 일성록(2011년), 5.18민주화운동 기록물(2011년), 난중일기(2013년), 새마을운동 기록물(2013년), 한국의 유교책판(2015년), KBS 특별생방송 '이산가족을 찾습니다' 기록물(2015년), 조선왕실 어보와 어책(2017년), 국채보상운동 기록물(2017년), 조선통신사 기록물(2017년) 등으로 총 16건이 등재되어 있다(2021.12.31. 기준).

제 5 장 관광개발의 이해

1 관광개발의 개념

관광개발이란 관광자원의 특성에 따라 관광활동의 편의를 증진시키고, 관광객의 유치와 관광소비의 증대를 목적으로 하는 개발사업을 의미한다.

관광개발사업을 시행하는 목적은 첫째, 관광자원의 가치상실을 최대한 줄이고 관광자원이 가지고 있는 고유한 특성을 보호하고 보전하기 위한 것이며 둘째, 관광자원을 합리적이고 효과적인 방법으로 활용함으로써 정서함양과 함께 문화의 발전을 도모하기 위한 것이고 셋째, 이러한 결과는 관광객의 증가를 초래함과 동시에 관광수입을 높이는 결과를 가져오게 됨으로써 관광개발효과와 지역개발의 효과를 가져오게 된다.

관광개발은 타 산업과 직접 · 간접으로도 관련되어 있으므로 국가경제 및 사회에 미치는 영향이 크기 때문에 단순한 서비스 산업개발의 한 부분으로만 볼 수 없는 복합성을 지니고 있다. 또한 관광개발은 대외적으로는 그 나라의 관광을 선전할 수 있으며, 민간외교증진 등의 다양한 효과도 가져올 수 있다. 따라서 오늘날 관광개발의 주요 내용은 다양한 관광시설의 건설, 편리하고 신속한 교통수단을 고려한 접근체계의 개선 및 국내외의 홍보와 선전활동 등으로 종합적인 관광자원개발의 형태를 취하고 있다.

2 관광개발기본계획

1) 관광개발기본계획 수립

관광자원을 효율적으로 개발하고 관리하기 위하여 전국을 대상으로 「관광진흥법」 제49조에 의거하여 문화체육관광부 장관이 관광개발기본계획을 수립하고 있다. 이러한 개발계획 수립을 통해 국제관광 및 국민관광의 환경 변화에 원활히 대응하고 관광지, 관광단지 등 관광자원의 개발을 추진함에 있어 전국적이고 장기적인 안목에서 국가 관광개발의 방향을 설정하는 미래지향적 종합계획이다.

관광개발계획의 실질적인 추진을 위해 정부는 1993년 「관광진흥법」을 개정하여 관광개발계획(기본계획 및 권역계획)을 법정계획으로 규정하였고, 1994년 「관광진흥법 시행령」을 개정하여 기본계획은 10년, 권역계획은 5년 주기로 수립하도록 제도화하였다.

관광개발의 주요 요소인 관광자원, 시장(관광객), 관광개발 주체(지방자치단체, 지역주민 등) 등을 종합적으로 고려하여 계획을 수립하고 개발, 이용, 보호, 관리를 포괄하여 전략 제시하고 있다. 또한 관광개발기본계획은 시 · 도 권역별 관광개발의 기본방향에 관한 사항을 포함하여 사업추진 방식을 제시하는 관광개발계획의 전략별 지침을 제시하여 관광자원의 개발과 관리를 일관성 있게 유도하는 역할을 하고 있다.

2) 관광개발기본계획의 주요 내용

제1차 관광개발기본계획(1992~2001년)은 직접적인 비전 및 목표 등을 명시하지 않았으나, 전 국토의 관광지화 구상, 관광개발 체계 설정의 방향성을 제시하였다. 4대 추진과제는 국토이용개념의 개발체계 확립, 관광수요와 부합하는 균형적 개발, 개발·관리체계 형성, 개발추진을 위한 지원으로 설정하였다.

전국을 5대 관광권과 24개 소관광권으로 권역화하여 각각의 권역별 개발구상을 제시하여 전국의 주요 관광지와 관광명소 등을 관광루트로 표준화하고 지역 간 연계성 확보를 시도하였으나 관광권역(행정권역)과 관광자원(집행권역)의 불일치로 인하여 집행에 한계가 있었다.

제2차 관광개발기본계획(2002~2011년)은 '21세기 한반도 시대를 열어가는 관광대국 실현'의 비전을 실현하기 위해 국제경쟁력 강화를 위한 관광시설 개발 촉진, 지역특성화와 연계화를 통한 관광개발 추진, 문화자원의 체계적 관광자원화 촉진, 관광자원의 지속가능한 개발 및 관리 강화, 지식기반형 관광개발 관리체계 구축, 국민 생활관광 향상을 위한 관광개발 추진, 남북한 및 동북아 관광협력체계 구축 등 7대 개발전략을 제시하였다. 또한 기존 7대권 24개 소권 체제 관광권역과 집행권역의 불일치로 인한 문제점 개선을 위해 16개 광역지방자치단체를 기준으로 관광권역의 구분을 재설정하고 권역별 관광개발 기본방향을 제시하였다.

제3차 관광개발기본계획(2012~2021년)은 '글로벌 녹색한국을 선도하는 품격 있는 선진관광'이라는 비전 달성을 위해 품격관광을 실현하는 관광개발 정책효율화, 미래 환경에 대응한 명품 관광자원 확충, 문화를 통한 품격 있는 한국형 창조관광 육성, 국민이 행복한 생활관광 환경 조성, 저탄소 녹색성장을 선도하는 지속가능한 관광 확산, 관광경쟁력 제고를 위한 국제협력 강화 등 6대 개발전략을 제시하였다.

수도관광권(서울 · 경기 · 인천), 강원관광권, 충청관광권, 호남관광권, 대구 · 경북관광권, 부 · 울 · 경관광권(부산 · 울산 · 경남) 및 제주관광권 등 7개 광역경제권을 계획 관광권역으로 설정하였으며, 또한 해안을 중심으로 한 동 · 서 · 남해안 관광벨트 등 6개 초광역 관광벨트(백두대간 생태문화 · 한반도 평화생태 · 동해안 · 서해안 · 남해안 · 강변생태문화 관광벨트)도 설정하여 7개 계획권역을 연계 · 보완하여 시행되었다.

제4차 관광개발기본계획(2022~2031년)은 '미래를 여는 관광 한국, 관광으로 행복한 국민'이라는 비전 아래 '사람과 지역이 동반성장하는 상생관광', '질적 발전을 추구하는 지능형(스마트) 혁신관광', '미래세대와 공존하는 지속가능 관광'을 목표로 설정했다. 이를 위한 구체적 방안으로는 매력적인 관광자원 발굴, 지속가능 관광개발 가치 구현, 편리한 관광편의 기반 확충, 건강한 관광산업생태계 구축, 입체적 관광 연계 · 협력 강화, 혁신적 제도 · 관리 기반 마련 등 6대 추진 전략과 17개 중점 추진과제를 도출하였다.

지역관광의 국제경쟁력을 높이고 수도권에 편중된 외래관광객을 지방으로 확산시키기 위해 관광 성숙 지역인 수도권 · 강원 · 제주권과 관광 성장 지역인 나머지 4개 권역(① 대전 · 세종 · 충청권, ② 광주 · 전라권, ③ 대구 · 경북권, ④ 부산 · 울산 · 경남권)을 구분해 설정하고 권역별 맞춤형 발전전략을 제시했다. 제4차 기본계획은 공급자(개발자) 중심에서 수요자(관광객) 중심으로, 관광자원의 개발 중심에서 개발과 활용의 균형으로 정책 방향성을 전환했다.

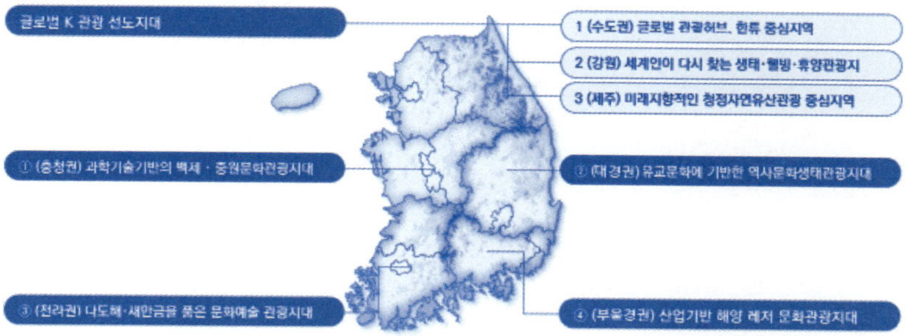

출처 : 문화체육관광부(2021), 보도자료 '제4차 관광개발기본계획' 발표.

[그림 5-1] 제4차 관광개발기본계획의 권역별 개발방향

3 관광개발의 유형 : 관광지, 관광단지, 관광특구

1) 관광지

(1) 관광지의 개념

관광지란 자연적 또는 문화적 관광자원을 갖추고 관광객을 위한 기본적인 편의시설을 설치하는 지역으로서 이 법에 따라 지정된 곳을 말한다(관광진흥법 제2조).

일반적으로 관광지는 공공주도의 성격으로 개발하기 때문에 지역의 부존자원을 활용하여 공공편의시설을 필수로 설치하고 그 이외의 시설은 선택적으로 설치함으로써 관광객을 유치하고 있다.

(2) 관광지의 개발

정부에서는 급증하는 국민관광수요에 부응하고 국민이 자유롭고 쾌

적하게 이용할 수 있는 건전한 관광문화의 조성을 위해 관광지를 개발하고 관련 인프라를 확충하고 있다. 또한 관광을 통해 국민 복지수준의 향상을 도모하는 복지관광정책의 일환으로써 관광지 개발이 이루어지고 있다.

관광지의 개발은 휴식공간과 이용편의시설 등 관련 인프라를 확충함과 동시에 개발로 인한 환경훼손 등 부정적 영향을 최소화할 수 있도록 철저하게 계획하여 개발되어야 한다.

우리나라의 국민관광지는 1981년부터 매년 연차적으로 개발해 오고 있으며, 2022년 6월 기준 전국의 관광지는 총 225개소이다.

2) 관광단지

(1) 관광단지의 개념

관광단지란 관광객의 다양한 관광 및 휴양을 위하여 각종 관광시설을 종합적으로 개발하는 관광 거점 지역으로서 이 법에 따라 지정된 곳을 말한다(관광진흥법 제2조).

일반적으로 관광단지는 민간과 공공이 함께 개발하거나, 민간 중심으로 개발을 하며 관광시설을 설치하여 관광객을 유치하는 적극적인 개발 개념이다.

(2) 관광단지의 개발

우리나라는 외래관광객 유치를 통한 외화수입 증대를 위하여 1970년대에 이르러 관광단지개발에 착수하였다. 초기에는 정부 주도로 개발이 추진되었으나 우리나라 경제여건의 호전과 민간부문의 자립기반이 정착되어감에 따라 적극적인 민간참여를 유도하고 있다.

관광개발사업을 효율적으로 하기 위하여 문화체육관광부, 지방자치단체 및 민간부문의 관광개발 수행상 역할을 분담하여 문화체육관광부에서는 관광개발 관련계획을 총괄·조정하고, 대규모 관광거점지 및 관광단지개발사업을 주관하도록 하였고 시·도에서는 권역별 관광개발계획을 수립하여 당해지역의 소규모 관광지개발사업을 추진하도록 하고 있다.

2022년 6월 기준 전국의 관광단지는 총 47개소이다.

〈표 5-1〉 관광지와 관광단지의 비교

구분	관광지	관광단지
지정면적	없음	50만㎡ 이상
도입시설	최소한의 편의시설	적극적 관광객 유치를 위한 허용시설 중 선택
목적 및 기능	기존 관광자원의 유지보전을 목적으로 최소한의 관광편의시설 제공을 통한 관광 유치	적극적 신규 또는 기존의 관광 자원을 발굴 및 개선하고 관광편의시설을 갖추어 관광객을 유치하고 수익을 창출
사업시행자	지자체만 가능	지자체, 민간 모두 가능

〈표 5-2〉 관광지 및 관광단지의 시설에 따른 구분기준

구분	기준
관광지	아래 표에서 가목의 시설을 갖춘 지역(다만, 마목 및 바목까지의 시설은 임의로 갖출 수 있음)
관광단지	아래 표에서 가목의 시설을 갖추고, 나목의 시설 중 1종 이상의 필요한 시설과 다목 또는 라목의 시설 중 1종 이상의 필요한 시설을 갖춘 지역으로서 총면적이 50만 제곱미터 이상인 지역(다만, 마목 및 바목의 시설은 임의로 갖출 수 있음)

가목~바목의 시설에 대한 설명

시설 구분	시설 종류	구비 기준	설치 여부	관광지		관광단지	
				필수	선택	필수	선택
가. 공공편의 시설	화장실, 주차장, 전기시설, 통신시설, 상하수도 시설 또는 관광안내소	각 시설이 관광객이 이용하기에 충분할 것	관광지 및 관광단지 필수 설치사항	●		●	
나. 숙박 시설	관광호텔, 수상관광호텔, 한국전통호텔, 가족호텔 또는 휴양 콘도미니엄	관광숙박업의 등록기준에 부합할 것	관광단지의 경우, 1종 이상 시설 필수 설치		●	●	
다. 운동·오락 시설	골프장, 스키장, 요트장, 조정장, 카누장, 빙상장, 자동차경주장, 승마장, 종합체육시설, 경마장, 경륜장, 또는 경정장, 게임장, 케이블카(리프트카), 수렵장, 어린이 놀이터, 무도장	「체육시설의 설치·이용에 관한 법률」 제10조에 따른 등록체육시설업의 등록기준, 「한국마사회법 시행령」 제5조에 따른 시설·설비기준 또는 「경륜·경정법 시행령」 제5조에 따른 시설·설비기준에 부합할 것	관광단지의 경우, 1종 이상 시설 필수 설치 (50만m² 이상일 것)		●	● (50만 m² 이상)	
라. 유양·문화 시설	민속촌, 해수욕장, 수렵장, 동물원, 식물원, 수족관, 온천장, 동굴자원, 수영장, 농어촌휴양시설, 산림휴양시설, 박물관, 미술관, 활공장, 자동차야영장, 관광유람선, 또는 종합유원시설	관광객이용시설업의 등록기준 또는 유원시설업의 설비기준에 부합할 것			●		
마. 접객 시설	관광공연장, 외국인전용 관광기념품판매점, 관광유흥음식점, 관광극장유흥업점, 외국인전용유흥음식점, 관광식당 등	관광객이용시설업의 등록기준 또는 관광편의시설업의 지정기준에 적합할 것	관광지와 관광단지 모두 임의 설치 가능		●		●
바. 지원 시설	관광종사자 전용숙소, 관광종사자연수시설, 물류·유통 관련 시설	관광단지의 관리·운영 및 기능 활성화를 위해서 필요한 시설일 것			●		

비고 : 관광단지의 총면적 기준은 시·도지사가 그 지역의 개발목적·개발·계획·설치시설 및 발전 전망 등을 고려하여 일부 완화하여 적용 가능함

출처 : https://touredu.visitkorea.or.kr/home/support/notices/1455?

3) 관광특구

(1) 관광특구의 개념

관광특구는 「관광진흥법」 제2조 '외국인 관광객의 유치 촉진 등을 위하여 관광활동과 관련된 관계법령의 적용이 배제되거나 완화되고, 관광활동과 관련된 서비스 · 안내체계 및 홍보 등 관광여건을 집중적으로 조성할 필요가 있는 지역으로서 관광진흥법에 의하여 지정된 곳'으로 정의하며 외국인 관광객의 유치 촉진을 위하여 관광시설이 밀집된 지역에 대해 야간 영업시간 제한을 배제하는 등 관광활동 촉진을 목적으로 1993년에 도입된 제도이다.

(2) 관광특구의 지정

관광특구의 지정은 외국인 관광객 수가 대통령령으로 정하는 기준 이상일 것, 문화체육관광부령으로 정하는 바에 따라 관광안내시설, 공공편익시설 및 숙박시설 등이 갖추어져 외국인 관광객의 관광수요를 충족시킬 수 있는 지역일 것, 관광활동과 직접적인 관련성이 없는 토지의 비율이 대통령령으로 정하는 기준을 초과하지 아니할 것 등의 세 가지 요건을 갖춘 지역이 서로 분리되어 있지 않아야 한다(관광진흥법 제70조).

2022년 5월 기준 전국의 관광특구는 서울(7개소), 부산(2개소), 인천(1개소), 대전(1개소), 경기(5개소), 강원(2개소), 충북(3개소), 충남(2개소), 전북(2개소), 전남(2개소), 경북(4개소), 경남(2개소), 제주(1개소) 총 13개 시 · 도 34개소에 지정되어 있다.

〈표 5-3〉 관광특구 지정 현황

지역	특구명	지정 지역(소재지)	면적(㎢)	지정연도
서울 (7)	명동 · 남대문 · 북창	명동, 회현동, 소공동, 무교동 · 다동 각 일부지역	0.87	2000
	이태원	용산구 이태원동 · 한남동 일원	0.38	1997
	동대문 패션타운	중구 광희동 · 을지로5~7가 · 신당1동 일원	0.58	2002
	종로 · 청계	종로구 종로1가~6가 · 서린동 · 관철동 · 관수동 · 예지동 일원, 창신동 일부 지역(광화문 빌딩~숭인동 4거리)	0.54	2006
	잠실	송파구 잠실동 · 신천동 · 석촌동 · 송파동 · 방이동	2.31	2012
	강남	강남구 삼성동 무역센터 일대	0.19	2014
	홍대 문화예술	마포구 홍대 일대(서교동, 동교동, 합정동, 상수동 일원)	1.13	2021
부산 (2)	해운대	해운대구 우동 · 중동 · 송정동 · 재송동 일원	6.22	1994
	용두산 · 자갈치	중구 부평동 · 광복동 · 남포동 전지역, 중앙동 · 동광동 · 대청동 · 보수동 일부	1.08	2008
인천 (1)	월미	중구 신포동 · 연안동 · 신흥동 · 북성동 · 동인천동 일원	3.00	2001
대전 (1)	유성	유성구 봉명동 · 구암동 · 장대동 · 궁동 · 어은동 · 도룡동	5.86	1994
경기 (5)	동두천	동두천시 중앙동 · 보산동 · 소요동 일원	0.40	1997
	평택시 송탄	평택시 서정동 · 신장1 · 2동 · 지산동 · 송북동 일원	0.49	1997
	고양	고양시 일산 서구, 동구 일부 지역	3.94	2015
	수원 화성	경기도 수원시 팔달구, 장안구 일대	1.83	2016
	통일동산	경기도 파주시 탄현면 성동리, 법흥리 일원	3.01	2019
강원 (2)	설악	속초시 · 고성군 및 양양군 일부 지역	138.10	1994
	대관령	강릉시 · 동해시 · 평창군 · 횡성군 일원	428.27	1997
충북 (3)	수안보온천	충주시 수안보면 온천리 · 안보리 일원	9.22	1997
	속리산	보은군 내속리면 사내리 · 상판리 · 중판리 · 갈목리 일원	43.75	1997
	단양	단양군 단양읍 · 매포읍 일원(2개읍 5개리)	4.45	2005
충남 (2)	아산시온천	아산시 음봉면 신수리 일원	3.71	1997
	보령 해수욕장	보령시 신흑동, 웅천읍 독산 · 관당리, 남포면 월전리 일원	2.52	1997
전북 (2)	무주 구천동	무주군 설천면 · 무풍면	7.61	1997
	정읍 내장산	정읍시 내장지구 · 용산지구	3.45	1997
전남 (2)	구례	구례군 토지면 · 마산면 · 광의면 · 산동면 일부	78.02	1997
	목포	북항 · 유달산 · 원도심 · 삼학도 · 갓바위 · 평화광장 일원	6.89	2007
경북 (4)	경주시	경주 시내지구 · 보문지구 · 불국지구	32.65	1994
	백암온천	울진군 온정면 소태리 일원	1.74	1997
	문경	문경시 문경읍 · 가은읍 · 마성면 · 농암면 일원	1.85	2010
	포항 영일만	영일대해수욕장, 해안도로, 환호공원, 송도해수욕장, 송도송림, 운하관, 포항운하, 죽도시장, 시내 실개천 일대	2.41	2019
경남 (2)	부곡온천	창녕군 부곡면 거문리 · 사창리 일원	4.82	1997
	미륵도	통영시 미수1 · 2동 · 봉평동 · 도남동 · 산양읍 일원	32.90	1997
제주 (1)	제주도	제주도 전역(부속도서 제외)	1,809.56	1994
13개 시 · 도 34개소		–	2,643.75	

출처 : 문화체육관광부(2022), 관광특구 지정 현황(2022년 5월 기준).

〈표 5-4〉 관광지 · 관광단지 · 관광특구 비교

구분	관광지	관광단지	관광특구
관련 법령	관광진흥법 제52조	관광진흥법 제52조	관광진흥법 제70조 이하
정의	자연적 또는 문화적 관광자원을 갖추고 **관광객을 위한 기본적인 편의시설을 설치하는 지역** **(지자체 개발 주도)**	관광객의 다양한 관광 및 휴양을 위하여 **각종 관광시설을 종합적으로 개발하는 관광거점 지역(민관 혼합 또는 민간 주도 방식)**	외래 관광객 유치 촉진을 위해 **규제 완화 및 특례를 제공**하고, **관광 여건을 집중적으로 조성**할 필요가 있는 지역
목적	미개발지를 대상으로 계획에 따라 관광시설 등을 설치 또는 유치하여 새로운 관광자원을 개발	미개발지를 대상으로 계획에 따라 관광시설 등을 설치 또는 유치하여 새로운 관광자원을 개발	관광시설이 충분히 구비되고 외국인 관광객이 주로 이용하는 지역 대상으로 자유로운 관광활동과 이용편의를 제공하여 외국인 관광객 유치촉진
지정 기준	• 면적기준 : 해당없음 • 시설기준 : **관광진흥법 시행규칙(별표 18)에 따른 공공편익시설 구비**	• **면적기준 : 50만㎡ 이상** • **시설기준** : 관광진흥법 시행규칙(별표 18)에 따른 공공편익시설을 갖추고, **숙박시설 1종 이상, 운동 · 오락시설 또는 휴양 · 문화시설 중 1종 이상** 구비	• **최근 1년간 외국인 관광객 수 10만 명(서울은 50만 명) 이상** • 관광안내, 숙박 등 관광인프라 구비 • **관광활동과 직접 관련 없는 토지 비율이 10% 이하** • 지구 분리 금지
지정 절차	• **시 · 군 · 구청장 신청** → 시도지사 • 시 · 군 · 구청장 신청 → 문체부와 사전협의→ **시 · 도지사 지정**	• **시 · 군 · 구청장 신청**→ 시도지사 • 시 · 군 · 구청장 신청→ 문체부와 사전협의→ **시 · 도지사 지정**	• **시 · 군 · 구청장 신청** →시도지사 • 시도지사, 전문기관 조사 · 분석 → 문체부와 사전협의 → **시 · 도지사 지정**
사업 시행자	시장 · 군수 · 구청장	시장 · 군수 · 구청장 및 관광공사 등 공공법인, 민간개발자	-
지원 및 특례	• 국고지원(해당없음) * 균특회계 지역자율계정(관광자원개발사업–관광지 개발)지방이양(~'20년) 국고 지원 없음 • 관광진흥개발기금 융자 • 세제지원 ① 개발부담금 면제 ② 농지보전부담금 면제 ③ 대체초지조성비 면제 ④ 공유재산 임대료 감면(30% 이내) ⑤ 대체산림조성비 면제(준보전산지, 50만㎡ 이상 관광지에 한함)	• 국고지원(해당없음) * 균특회계 지역자율계정(관광자원개발사업–관광지 개발) 지방이양(~'20년) 국고 지원 없음 • 관광진흥개발기금 융자 • 세제지원 ① 개발부담금 면제 ② 농지보전부담금 면제 ③ 대체초지조성비 면제 ④ 공유재산 임대료 감면(30% 이내) ⑤ 대체산림조성비 면제(준보전산지에 한함) ⑥ 취 · 등록세 일부 감면	• 국고지원(관광진흥개발기금) – ('21년)11억, ('22년)11억 • 관광진흥개발기금 융자 • 다른 법률에 대한 특례 – 영업제한 미적용 – 공개공지 사용 – 차마 통행금지 – 옥외광고물 완화 – 카지노 허가요건
지정 현황	225개소	47개소	34개소

출처 : http://www.krtd.kr/tourist/?uid=355&mod=document(2022년 기준)

4 관광자원의 개발방향

1) 자연보호와 환경우선의 개발

자연지향적 · 자연복귀지향적인 녹색관광, 자연생태관광, 자연관광, 자연모험관광 등 자연을 대상으로 한 관광 수요가 증가하고 있으며 그 중요성은 강조되고 있다.

오늘날 선진국을 비롯한 개발도상국들은 자연보호와 환경보호에 각별한 관심을 가지고 자국의 자연을 보전하는 데 필요한 입법 · 규정 정비를 하고 전담기구를 설치 · 운영하고 있다. 이 같은 일련의 정책은 보호주의와 보전주의에 근거한 야생동 · 식물 보호와 안보적 개발과 자연친화적 · 조화적 관계유지에 정책적 고려를 하고 있다.

UNEP(유엔환경계획), UNESCO(유엔교육과학문화기구), FAO(세계식량기구), WFN(세계자연보호기금), IUCN(국제자연보존연맹), OECD(경제협력개발기구), WTO(세계관광기구), PATA(태평양아시아관광협회), ASTA(미주지역여행협회), WTTC(세계관광협회) 등의 국제기구와 민간단체들은 20세기 인류의 당면과제인 환경보호에 적극적인 협력과 참여의 필요성을 강조하고 있다.

자연보호와 환경중시의 태도는 19세기 영국 민간단체를 중심으로 제기되었는데, 당시 영국이 산업혁명으로 인한 환경의 황폐화, 아름다운 자연의 파괴, 유서깊은 건물들의 변질을 우려하여 이를 위한 근본적 대책을 수립하고 국민적 운동을 전개하기 위해 1895년 National Trust를 설치한 것이다. 범국민적 환경보호운동은 원시림 보호와 복원, 녹지조성, 문화재 보호에 지금까지 큰 기여를 해왔다. 영국 산림지대의 특산식

물보호, 해안조류 번식지보호, 야외자연교육이 큰 성과를 거둔 후 이 같은 민간단체를 중심으로 한 자연보호운동은 구미 각국에서 전개되고, 자연공원(국·공립공원)은 물론 해상수역(해상공원)·늪지대·사막·산악까지 확대되고 있다. 황무지와 같은 곳은 인간의 놀이·휴식·문화·생활 공간은 되지 못하지만, 그곳에서 자생하고 서식하는 동식물의 서식지와 피난처를 관리함으로써 생물다양화 보장과 학술적 연구, 생태관광의 훌륭한 대상 등으로 활용할 수 있다.

자연보전적 성향의 생태관광은 지역사회에 큰 경제적 이익을 줄 수 없으나 자연을 훼손시키지 않고 보다 많은 사람들이 오랜 세월 이용할 수 있는 잠재성을 가지고 있다는 점에서 금전적으로 계산할 수 없는 무한한 가치가 있다.

관광 관련 개발이나 생태관광지 등을 활용하기에 앞서 그 지역생태계의 수용능력을 고려하여 적절한 개발방안과 가이드라인 설정 등의 제도적 정책이 마련되어야 한다. 또한 국가는 국민에게 생태관광의 진정한 의미를 이해시키고 홍보를 통해 자연과 인간의 조화를 유지하고, 자연환경의 피해를 최소화하려는 노력이 필요하다.

2) 자연공원과 천연보호구역의 지정·관리

세계 각국은 우수한 경관지대, 삼림·호수·해안·도서지대를 자연보호구역과 국립공원으로 지정하고 있다. 우리나라는 자연자원, 유적, 휴양자원 등 공원자원을 포함하는 수려한 자연경관지를 보전함과 동시에 합리적 이용을 도모함으로써 국민의 보건휴양 및 정서생활의 향상을 기하고 후손에게 영구히 계승시키기 위하여 일정 구역을 자연공원으로 지정하고 국립공원 · 도립공원 · 군립공원으로 구분하고 있다.

자연공원은 국가적 차원에서 지역개발정책이나 관광정책 등을 통하여 자연보호지역으로 관리하면서 지역주민들의 관광지로 이용하게 하고 경제적 이익을 주어 생활안정과 지역경제발전을 도모하는 노력들이 이루어지고 있다.

자연공원에서의 관광 활동으로는 사파리, 생태관광, 모험관광 등이 있으며 주로 생태관광의 범주에 속하는 관람, 관찰, 구경, 사진촬영, 그림그리기, 채집, 트레킹, 야영, 학술조사 등이 행해지고 있다. 생태관광객의 수요충족을 위해서는 생태계에 위협을 주지 않는 선에서 수용할 시설의 유형 · 규모 · 업종 등을 정하고 시설투자가 이루어져야 한다. 동시에 그 지역으로 입장할 수 있는 내방객을 연간 · 시기별로 통제 · 한정하여 특정지역으로의 과도한 방문객으로 인해 심각한 자연파괴가 야기되는 곳에는 휴식년제를 실시하고, 그 기간 동안 자연의 회복이 이루어져 원래의 상태를 회복하는 자연보호정책이 국가 · 민간단체에 의해 시행되어야 한다.

관광지와 관광시설의 건설을 위한 입지선정은 이용자인 관광객들에게는 최대의 만족을 주고, 개발주체인 기업과 공공단체 등에게는 수익을 보장하도록 하고 자연은 공해유발, 자연파괴, 오염 등이 수반되지 않도록 안전성이 보장되는 방향으로 개발되어야 한다. 이를 위해 토지이용계획이 면밀히 검토되어야 하며 자연보호구역을 관광지로 활용하기에 앞서 자연과 조화를 이루고 자연훼손을 최대한 예방하기 위한 지속적인 노력이 필요하다.

제 3 부

관광사업의 이해

제 6 장 관광사업의 개요

1 관광사업의 개념

관광사업은 관광활동의 다양한 특성으로 인하여 관광과 직간접적으로 광범위한 영역에 연관되어 있는 복합적인 사업이다.

관광사업이란 관광의 주체인 관광객과 관광의 객체인 관광자원을 연결시키는 관광의 매체 격인 관광사업체들이 영위하는 사업들의 통칭으로 관광을 촉진시키는 일련의 활동이라고 말할 수 있다. 따라서 관광객이 필요로 하는 재화와 용역 또는 다양한 서비스를 생산하고 제공·판매하는 영업의 총체로 관광수요를 창출하고 관광의 경제적·사회적·문화적인 효과를 얻기 위한 사업을 의미하며, 숙박, 식·음료, 교통, 통신, 쇼핑, 문화, 오락, 유흥, 서비스 등을 포함하고 있다.

우리나라 관광진흥법에서는 관광사업이라 함은 관광객을 위하여 운송, 숙박, 음식, 운동, 오락, 휴양 또는 용역을 제공하거나 그 밖에 관광에 딸린 시설을 갖추어 이를 이용하게 하는 업을 말한다(제2조 1항). 또한 관광사업자라 함은 관광사업을 경영하기 위하여 등록·허가 또는 지정을 받거나 신고를 한 자를 말한다(제2조 2항).

2 관광사업의 특성

관광사업은 관광지의 위치나 기후조건, 교통의 편리성, 관광지의 유형, 관광자원의 질, 개발상황 등 공급측면에서의 경쟁요소뿐만 아니라 시장규모 · 물류비용 · 인력공급 등 경영측면에서의 여건, 관광객의 수준과 소비성향 등 관광수요측면의 영향을 크게 받는 산업이다.

관광사업은 계절성이 뚜렷하고 생산과 소비가 동시에 이루어지는 무형적 특성 때문에 수요관리가 어렵고, 국제정세 · 세계경기동향 · 환율 · 소득수준 등의 변화에 매우 민감하다. 따라서 관광수요는 관광에 소요되는 가격과 관광객 개인의 가처분소득에 매우 탄력적인 경향을 보이고 있다.

관광사업은 민간의 영리를 목적으로 한 관광기업과 공공기관 · 공익법인 · 공익단체까지 포함되는 사업으로서 이의 기본성격은 다음과 같다.

1) 복합성

관광사업은 사업주체와 사업내용에 있어 복합적 특성을 지니고 있다.

관광사업은 정부 및 지방자치단체(시 · 도 · 읍 · 면)들의 공적기관과 민간기업 등의 여러 사업주체가 사업목적의 달성을 위하여 역할을 분담하여 추진하는 사업으로 다른 사업보다 그 특성이 뚜렷하다. 근래의 관광사업은 관광의 대중화를 배경으로 하여 사업주체로서의 정부 등 공적기관의 역할이 늘어나고 있다.

또한 사업내용의 복합성이란 관광사업 자체의 내용이 여러 부분으로 분산되어 있다는 것을 의미한다. 관광객의 관광활동 전 과정에서 관광사업은 여러 관련 업종이 복합적으로 연계되어 이루어지고 있다. 즉 숙박업 · 여행업 · 음식업 · 교통업 · 공원 · 박물관 · 레저 · 스포츠 · 출판업·방송업·기념품판매업과 같은 각 업종의 사업활동이 각각 관광사업의 일부분을 구성하고 상호보완적인 연계성을 가지면서 관광객행동에 영향을 미친다. 각각의 사업활동은 관광현상에 부분적으로 관여하지만, 고유의 역할을 수행하는 존재의 의의를 가진다. 그러나 완전독립된 관광사업이라 할 수 있는 경우는 거의 존재하지 않는다. 따라서 관광사업이란 여러 가지 업종의 복합에 의해서 성립되는 사업이며, 관광에 대한 욕구를 충족시키는 모든 관련 업종들이 포함된다.

2) 입지의존성

모든 관광지는 유형·무형의 관광자원을 소재로 하여 각각 특색있는 관광지를 형성하고 있다. 관광지의 유형과 기후, 관광자원의 매력성, 용지의 취득비용, 교통여건, 주변환경 변화, 인프라확충 등 입지조건의 정도에 따라 사업주체의 비용부담과 사업수익에 큰 영향을 미칠 수 있으며, 의존도가 매우 크다.

3) 수요변동성

관광욕구의 충족은 필수적인 것이 아니고 임의적인 성격을 띠고 있기 때문에 관광은 사회적·경제적·자연적 요인 등 외부요인 변화에 매우 민감하게 영향을 받는다. 사회적 요인에는 사회정세의 변화, 국제정세의 긴박, 정치불안, 폭등, 질병의 발생, 그 밖에 신변의 안전에 불안을 주는 것 등이 있다. 경제적 요인에는 경제불황, 소득상황, 환율변화, 요금의 변화, 관광 시의 외화사용 제한 등의 조치를 들 수 있다. 자연적 요인으로는 기후 · 지진 · 태풍 · 폭풍우 등의 자연현상을 들 수 있다.

또한 관광은 계절적 영향을 크게 받기 때문에 성수기 · 비수기의 효율적인 경영이 요구된다. 관광사업은 무형의 서비스를 중심으로 생산과 소비가 동시적으로 이루어지므로 관광시장에 대한 면밀한 조사연구와 정세의 예측을 바탕으로 경영목표를 추진해 나가야 한다.

4) 공익성

관광사업은 공 · 사의 여러 사업주체에 의해 관광과 연관된 사업을 행하는 복합체라는 점에서 이윤추구만을 목적으로 한 경영이 허용되지는 않으며, 관광소비에 따른 경제적 효과 이상의 가치를 추구하는 데 그 목표를 두어야 한다.

관광사업에 있어서 공익적 효과는 사회문화적 효과와 경제적 효과를 들 수 있다. 관광은 사회문화 면에서 국위선양, 상호 이해를 통한 국제친선의 증진, 국제문화의 교류, 그리고 세계평화의 기반을 구축할 수 있는가 하면, 국민보건의 향상, 근로의욕의 증진과 교양의 향상을 기대할 수 있다. 경제적인 면에서는 외화획득 · 경제발전 · 기술협력과 국제무역의 증진효과를 기대할 수 있고, 소득효과 · 고용효과 · 산업연관효과 그리고 국민후생복지의 증진과 생활환경의 개선 및 지역개발의 효과를 크게 기대할 수 있다.

이와 같이 관광사업활동에서 광범위하게 공익적 측면의 인식이 높아짐에 따라 개별기업 활동의 특징을 강조하는 동시에 공익적 효과를 높여 공익성과 수익성의 발전적 조화를 이루도록 해야 할 것이다.

5) 서비스성

관광사업은 관광객에 대하여 서비스를 제공하는 영업을 중심으로 구성되어 있기 때문에 무형의 서비스가 가장 중요한 요소이다. 관광 서비스의 질은 기업 자체, 나아가서는 관광지 전체와 국가 전체의 관광사업에 지대한 영향을 미칠 수 있다. 따라서 관광종사자뿐만 아니라 지역주민 · 국민 전체에게도 친절한 서비스의 제공을 위하여 관광인식의 보급 및 관광 서비스에 대한 인식을 국민 일반에게 계몽하고 제도화할 필요가 있다.

6) 경합과 공존성

관광사업은 주체와 내용이 복잡하고, 상호의존적이며 경쟁적 성격을 갖는다. 관광사업은 전체적인 면에서 서로 협조하는 공존의 관계를 유지하지만, 동종 사업이면서 입지가 유사한 경우에는 서로 경쟁의 관계에 있게 된다.

출처 : 하나투어, 모두투어

[그림 6-1] 국내 여행사의 서유럽 패키지 상품 광고

3 관광사업의 종류

관광진흥법 제3조(개정 2022.9.27.) 및 관광진흥법 시행령 제2조(개정 2021.3.23.)에서는 관광사업의 종류를 다음과 같이 분류하여 설명하고 있다.

1) 여행업

여행자 또는 운송시설 · 숙박시설, 그 밖에 여행에 딸리는 시설의 경영자 등을 위하여 그 시설의 이용알선이나 계약체결의 대리, 여행에 관한 안내, 그 밖의 여행편의를 제공하는 업으로 종합여행업 · 국내외여행업 · 국내여행업으로 분류된다.

2) 관광숙박업

관광숙박업은 호텔업과 휴양 콘도미니엄업으로 구분하고 있으며 호텔업은 관광호텔업, 수상관광호텔업, 한국전통호텔업, 가족호텔업, 호스텔업, 소형호텔업, 의료관광호텔업으로 분류된다.

호텔업은 관광객의 숙박에 적합한 시설을 갖추어 이를 관광객에게 제공하거나 숙박에 딸리는 음식 · 운동 · 오락 · 휴양 · 공연 또는 연수에 적합한 시설 등을 함께 갖추어 이를 이용하게 하는 업이다.

휴양 콘도미니엄업은 관광객의 숙박과 취사에 적합한 시설을 갖추어 이를 그 시설의 회원이나 공유자, 그 밖의 관광객에게 제공하거나 숙박에 딸리는 음식 · 운동 · 오락 · 휴양 · 공연 또는 연수에 적합한 시설 등을 함께 갖추어 이를 이용하게 하는 업이다.

3) 관광객이용시설업

관광객을 위하여 음식·운동·오락·휴양·문화·예술 또는 레저 등에 적합한 시설을 갖추어 이를 관광객에게 이용하게 하는 업으로 전문휴양업, 종합휴양업(제1종 종합휴양업, 제2종 종합휴양업), 야영장업(일반야영장업, 자동차야영장업), 관광유람선업(일반관광유람선업, 크루즈업), 관광공연장업, 외국인관광 도시민박업, 한옥체험업으로 분류된다.

대통령령으로 정하는 2종 이상의 시설과 관광숙박업의 시설 등을 함께 갖추어 이를 회원이나 그 밖의 관광객에게 이용하게 하는 업을 말한다.

4) 국제회의업

대규모 관광 수요를 유발하여 관광산업 진흥에 기여하는 국제회의(세미나·토론회·전시회·기업회의 등을 포함)를 개최할 수 있는 시설을 설치·운영하거나 국제회의의 기획·준비·진행 및 그 밖에 이와 관련된 업무를 위탁받아 대행하는 업을 말하며, 국제회의시설업과 국제회의기획업으로 분류된다.

5) 카지노업

전문 영업장을 갖추고 주사위·트럼프·슬롯머신 등 특정한 기구 등을 이용하여 우연의 결과에 따라 특정인에게 재산상의 이익을 주고 다른 참가자에게 손실을 주는 행위 등을 하는 업을 말한다.

6) 유원시설업

유기시설(遊技施設)이나 유기기구(遊技機具)를 갖추어 이를 관광객에게 이용하게 하는 업(다른 영업을 경영하면서 관광객의 유치 또는 광고 등을 목적으로 유기시설이나 유기기구를 설치하여 이를 이용하게 하는 경우를 포함한다)을 말하며 종합유원시설업, 일반유원시설업, 기타유원시설업으로 분류된다.

7) 관광편의시설업

관광편의시설업이라 함은 여행업 · 관광숙박업 · 관광객이용시설업 · 국제회의업 · 카지노업 · 유원시설업 이외에 관광 진흥에 이바지할 수 있다고 인정되는 사업이나 시설 등을 운영하는 업을 말한다.

관광편의시설업은 관광유흥음식점업, 관광극장유흥업, 외국인전용유흥음식점업, 관광식당업, 관광순환버스업, 관광사진업, 여객자동차터미널시설업, 관광펜션업, 관광궤도업, 관광면세업, 관광지원서비스업으로 분류된다.

[그림 6-2] 국내 주요 면세점 브랜드

〈표 6-1〉 관광진흥법에 따른 관광사업의 분류

종 류	세분류	
여행업	종합여행업, 국내외여행업, 국내여행업	
관광숙박업	호텔업	관광호텔업, 수상관광호텔업, 한국전통호텔업, 가족호텔업, 호스텔업, 소형호텔업, 의료관광호텔업
	휴양 콘도미니엄업	
관광객 이용시설업	전문휴양업	민속촌, 해수욕장, 수렵장, 동물원, 식물원, 수족관, 온천장, 동굴자원, 수영장, 농어촌휴양시설, 활공장, 등록 및 신고 체육시설업 시설, 산림휴양시설, 박물관, 미술관
	종합휴양업	제1종 종합휴양업, 제2종 종합휴양업
	야영장업	일반야영장업, 자동차야영장업
	관광유람선업	일반관광유람선업, 크루즈업
	관광공연장업	
	외국인관광 도시민박업	
	한옥체험업	
국제회의업	국제회의시설업, 국제회의기획업	
카지노업		
유원시설업	종합유원시설업, 일반유원시설업, 기타유원시설업	
관광편의시설업	관광유흥음식점업, 관광극장유흥업, 외국인전용 유흥음식점업, 관광식당업, 관광순환버스업, 관광사진업, 여객자동차터미널시설업, 관광펜션업, 관광궤도업, 관광면세업, 관광지원서비스업	

4 관광사업체 종사원

1) 관광사업체 종사원의 개념

관광기업에서는 고객에게 서비스를 제공하는 구성원들 모두가 서비스종사원이 될 수 있으며, 직접적인 대면접촉을 통하여 고객에게 서비스를 제공하는 종사원과 직접적인 대면을 하지 않고 간접적으로 서비스를 제공하는 종사원으로 분류될 수 있다.

관광 서비스종사원은 관광사업분야에서 고객과의 직접적인 접촉을 통하여 서비스를 제공하는 최일선 종사원을 의미하며, 관광기업의 생산역할을 담당하기도 한다.

고객의 다양한 욕구를 실질적으로 충족시켜 주는 업무를 수행하는 최일선 서비스요원을 총칭하여 현장접객요원(CP : Contact Personnel)이라고도 한다.

2) 관광사업체 종사원의 중요성

관광기업은 고객인 관광객과의 직접적인 접촉을 통하여 서비스가 전달되는 비중이 매우 높기 때문에 관광사업체 종사원의 고객 서비스는 그 기업의 이미지에 직접적인 영향을 미치게 된다. 고객에게 형성된 기업의 이미지는 그 기업의 성패를 결정지을 수 있는 매우 중요한 요인이 될 수 있다.

고객과 서비스종사원 간의 상호작용을 통하여 서비스기업이 고객에게 제공하는 서비스상품은 기술적인 질과 기능적인 질로 구분할 수 있다.

기술적인 질은 호텔의 객실, 외식업체의 음식과 같이 서비스기업과의 상호작용 중에 고객이 제공받는 것을 의미하며, 기능적인 질은 이러한 기술적인 요소가 어떻게 고객에게 전달되는지를 의미한다. 이처럼 기능적인 질은 최일선에서 고객을 응대하는 서비스종사원에 의해 이루어지므로 이들의 역할은 매우 중요하다. 뿐만 아니라 서비스종사원의 서비스 질은 고객과의 지속적인 유대관계를 갖게 하는 동시에, 기업의 성장에 큰 영향을 미치므로 서비스종사원은 매우 중요한 역할을 담당하는 것이다.

3) 관광종사원의 자격

(1) 관광종사원의 유형

관광종사원 자격제도의 시행은 국내관광산업의 지속적인 발전과 급변하는 업계환경의 적응을 위해 연계적인 교육을 통해 관광종사원의 자질향상을 도모하는 데 의의가 있다.

관광진흥법 제38조(관광종사원의 자격 등)에 의하면 "관할 등록기관등의 장은 대통령령으로 정하는 관광 업무에는 관광종사원의 자격을 가진 자가 종사하도록 해당 관광사업자에게 권고할 수 있다. 다만, 외국인 관광객을 대상으로 하는 여행업자는 관광통역안내의 자격을 가진 사람을 관광안내에 종사하게 하여야 한다."고 규정하고 있다. 또한 "관광통역안내의 자격이 없는 사람은 외국인 관광객을 대상으로 하는 관광안내(제1항 단서에 따라 외국인 관광객을 대상으로 하는 여행업에 종사하여 관광안내를 하는 경우에 한정한다. 이하 이 조에서 같다)를 하여서는 아니 된다."고 규정하고 있어 여행업에 종사하여 외국인 관광객을 대상으로 관광안내를 하고자 할 경우에는 반드시 관광통역안내 자격을 가진 사람이 관광안내를 해야 한다.

관광진흥법 시행령 제36조(자격을 필요로 하는 관광업무 자격기준)는 관광진흥법 제38조 1항의 규정에 의하여 등록기관 등의 장이 관광종사원의 자격을 가진 자가 종사하도록 권고할 수 있는 관광업무 및 업무별 자격기준을 규정하고 있다. 이 규정에서는 자격을 가진 자가 종사하여야 할 관광업무를 여행업과 관광숙박업으로 업종을 구분하고 종사할 수 있는 자의 자격을 정하고 있다.

〈표 6-2〉 관광업무별 자격기준(시행령 제36조 관련)

업종	업무	종사하도록 권고할 수 있는 자	종사하게 하여야 하는 자
1. 여행업	가. 외국인관광객의 국내여행을 위한 안내		관광통역안내사 자격을 취득한 자
	나. 내국인의 국내여행을 위한 안내	국내여행안내사 자격을 취득한 자	
2. 관광 숙박업	가. 4성급 이상의 관광호텔업의 총괄관리 및 경영업무	호텔경영사 자격을 취득한 자	
	나. 4성급 이상의 관광호텔업의 객실관리 책임자 업무	호텔경영사 또는 호텔관리사 자격을 취득한 자	
	다. 3성급 이하의 관광호텔업과 한국전통호텔업 · 수상관광호텔업 · 휴양 콘도미니엄업 · 가족호텔업 · 호스텔업 · 소형호텔업 및 의료관광호텔업의 총괄관리 및 경영업무	호텔경영사 또는 호텔관리사 자격을 취득한 자	
	라. 현관 · 객실 · 식당의 접객업무	호텔서비스사 자격을 취득한 자	

출처 : 관광진흥법 시행령 [별표 4]

관광종사원이 취득하여야 할 국가자격으로 여행업에서는 관광통역안내사(Tourist Guide), 국내여행안내사(Domestic Tour Guide), 국외여행인솔자(Tour Conductor)가 있다.

관광숙박업에서는 호텔경영사(Hotel General Manager), 호텔관리사(Hotel Manager), 호텔서비스사(Hotel Guest Services Representative)가 있다.

국제회의업에서는 컨벤션기획사 1급·2급(Convention Meeting Planner Ⅰ·Ⅱ)이 있다.

의료관광업에서는 국제의료관광 코디네이터(International Medical Tour Coordinator)가 있다. 국제의료관광 코디네이터는 의료분야의 국제화에 따라 의료관광을 목적으로 방문하는 외국인환자를 유치하고 관리하기 위한 구체적인 진료서비스지원, 관광지원, 의료관광 마케팅, 의료관광 상담, 리스크관리 및 행정업무 등을 수행한다. 국제의료관광 코디네이터의 필기시험 과목은 보건의료관광행정, 보건의료서비스지원관리, 보건의료관광마케팅, 관광서비스지원관리, 의학용어 및 질환의 이해이며, 실기시험과목은 보건의료관광 실무이다.

외식업에서는 조주기능사(Craftsman Bartender), 제과기능사(Craftsman Confectionary Making), 제빵기능사(Craftsman Breads Making), 한식/양식/일식/중식/복어조리기능사(Craftsman Cook, Korean Food/Western Food/Japanese Food/Chinese Food/Blowfish) 등의 자격시험이 있으며 관련 관광사업체에 종사하려면 취득하여 두는 것이 취업에 유리하다.

〈표 6-3〉 국가자격시험 전형관리 및 발급기관

<table>
<tr><th>업종</th><th>종류별 자격명
(영문명)</th><th>전형관리</th><th>자격증관리
(발급)</th></tr>
<tr><td rowspan="3">여행업</td><td>관광통역안내사
(Tourist Guide)</td><td rowspan="2">한국산업인력공단
(큐넷
www.q-net.or.kr)</td><td>한국관광공사</td></tr>
<tr><td>국내여행안내사
(Domestic Tour Guide)</td><td>한국관광협회
중앙회</td></tr>
<tr><td>국외여행인솔자
(Tour Conductor)</td><td></td><td>한국여행업협회
(KATA)</td></tr>
<tr><td rowspan="3">관광
숙박업</td><td>호텔경영사
(Hotel General Manager)</td><td rowspan="10">한국산업인력공단
(큐넷
www.q-net.or.kr)</td><td rowspan="2">한국관광공사</td></tr>
<tr><td>호텔관리사
(Hotel Manager)</td></tr>
<tr><td>호텔서비스사
(Hotel Guest Services
Representative)</td><td>한국관광협회
중앙회</td></tr>
<tr><td rowspan="2">국제
회의업</td><td>컨벤션기획사 1급
(Convention Meeting Planner Ⅰ)</td><td rowspan="7">한국산업인력
공단</td></tr>
<tr><td>컨벤션기획사 2급
(Convention Meeting Planner Ⅱ)</td></tr>
<tr><td>의료
관광업</td><td>국제의료관광 코디네이터
(International Medical Tour
Coordinator)</td></tr>
<tr><td rowspan="4">외식업</td><td>조주기능사
(Craftsman Bartender)</td></tr>
<tr><td>제과기능사
(Craftsman Confectionary Making)</td></tr>
<tr><td>제빵기능사
(Craftsman Breads Making)</td></tr>
<tr><td>한식/양식/일식/중식/복어
조리기능사
(Craftsman Cook, Korean Food/
Western Food/Japanese Food/
Chinese Food/Blowfish)</td></tr>
</table>

출처 : https://academy.visitkorea.or.kr; www.q-net.or.kr 참고 작성.

(2) 관광종사원의 자격시험

관광종사원 자격시험 응시자격은 〈표 6-4〉와 같으며, 관광진흥법 시행규칙 제44조(관광종사원의 자격시험)에 의한 관광종사원의 자격시험은 필기시험과 외국어시험 및 면접시험의 방법으로 실시한다. 시험은 필기시험과 외국어시험(관광통역안내사 · 호텔경영사 · 호텔관리사 및 호텔서비스사 자격시험만 해당)을 함께 시행하고, 그 합격자에 대하여 면접시험을 시행한다.

관광진흥법 시행규칙 제45조(면접시험)에 의한 평가기준은 국가관과 사명감 등 정신자세, 전문지식과 응용능력, 예의와 품행 및 성실성, 의사발표의 정확성과 논리성 등에 관하여 평가하고 합격기준은 그 점수가 면접시험 총점의 6할 이상이어야 한다.

관광진흥법 시행규칙 제46조(필기시험)에 의한 필기시험의 과목과 합격결정의 기준은 〈표 6-5〉와 같다. 관광통역안내사 자격증을 소지한 자가 다른 외국어를 사용하여 관광안내를 하기 위하여 시험에 응시하려는 경우에는 필기시험 전부를 면제한다.

관광진흥법 시행규칙 제47조(외국어시험)의 관광종사원별 외국어시험은 관광통역안내사의 경우 영어, 일본어, 중국어, 프랑스어, 독일어, 스페인어, 러시아어, 이탈리아어, 태국어, 베트남어, 말레이 · 인도네시아어, 아랍어 중 1과목이다.

호텔경영사 및 호텔관리사의 경우 영어, 일본어, 중국어 중 1과목으로 한다.

관광종사원 중 호텔경영사 또는 호텔관리사 시험에 응시할 수 있는 자격은 〈표 6-4〉와 같이 구분한다.

〈표 6-4〉 주요 관광종사원 자격시험 응시자격

<table>
<tr><th>업종</th><th>자격명</th><th>응시 자격</th></tr>
<tr><td rowspan="3">여행업</td><td>관광통역
안내사</td><td>• 제한 없음
※ 단, 「관광진흥법」 제38조 제9항에 해당하지 않는 자</td></tr>
<tr><td>국내여행
안내사</td><td>• 제한 없음
※ 다만, 「관광진흥법」 제38조 제5항(동법 제7조 준용)에 해당하는 결격사유가 없는 자</td></tr>
<tr><td>국외여행
인솔자</td><td>• 관광통역안내사 자격을 취득할 것
• 여행업체에서 6개월 이상 근무하고 국외여행 경험이 있는 자로서 문화체육관광부장관이 정하는 소양교육을 이수할 것
• 문화체육관광부장관이 지정하는 교육기관에서 국외여행 인솔에 필요한 양성교육을 이수할 것</td></tr>
<tr><td rowspan="3">관광
숙박업</td><td>호텔
경영사</td><td>• 호텔관리사 자격을 취득한 후 관광호텔에서 3년 이상 종사한 경력이 있는 자
• 4성급 이상 호텔의 임원으로 3년 이상 종사한 경력이 있는 자</td></tr>
<tr><td>호텔
관리사</td><td>• 호텔서비스사 또는 조리사 자격을 취득한 후 관광숙박업소에서 3년 이상 종사한 경력이 있는 자
• 고등교육법에 따른 전문대학의 관광분야 학과를 졸업한 자(졸업예정자를 포함한다) 또는 관광분야의 과목을 이수하여 다른 법령에서 이와 동등한 학력이 있다고 인정되는 자
• 고등교육법에 따른 대학을 졸업한 자(졸업예정자를 포함한다) 또는 다른 법령에서 이와 동등 이상의 학력이 있다고 인정되는 자
• 초 · 중등교육법에 따른 고등기술학교의 관광분야를 전공하는 과의 2년과정 이상을 이수하고 졸업한 자(졸업예정자를 포함한다)</td></tr>
<tr><td>호텔
서비스사</td><td>• 제한없음</td></tr>
<tr><td>국제
회의업</td><td>컨벤션
기획사</td><td>• 제한없음</td></tr>
<tr><td>의료
관광업</td><td>국제
의료관광
코디
네이터</td><td>• 공인어학성적 기준요건을 충족하고, 아래 각 호의 어느 하나에 해당해야 한다.
• 보건의료 또는 관광분야의 학과의 대학졸업자 또는 졸업예정자
• 2년제 전문대학 관련학과 졸업자 등으로서 보건의료 및 관광분야에서 2년 이상 실무에 종사한 사람
• 3년제 전문대학 관련학과 졸업자 등으로서 졸업 후 보건의료 또는 관광분야에서 1년 이상 실무에 종사한 사람
• 보건의료 또는 관광분야에서 4년 이상 실무에 종사한 사람
• 의사, 간호사, 보건교육사, 관광통역안내사, 컨벤션기획사 1~2급을 취득한 사람</td></tr>
</table>

〈표 6-5〉 필기시험의 시험과목 및 합격결정기준(제46조 관련)

구분	시험과목	배점비율
가. 관광통역안내사	국사 관광자원해설 관광법규(관광기본법 · 관광진흥법 · 관광진흥개발기금법 · 국제회의산업 육성에 관한 법률 등의 관광 관련 법규를 말한다. 이하 같다) 관광학개론 계	40% 20% 20% 20% 100%
나. 국내여행안내사	국사 관광자원해설 관광법규 관광학개론 계	30% 20% 20% 30% 100%
다. 호텔경영사	관광법규 호텔회계론 호텔인사 및 조직관리론 호텔마케팅론 계	10% 30% 30% 30% 100%
라. 호텔관리사	관광법규 관광학개론 호텔관리론 계	30% 30% 40% 100%
마. 호텔서비스사	관광법규 호텔실무(현관 · 객실 · 식당 중심) 계	30% 70% 100%

주 : 합격결정기준 : 필기시험의 합격기준은 매과목 4할 이상, 전과목의 점수가 위의 배점비율로 환산하여 6할 이상이어야 한다.

출처 : 관광진흥법 시행규칙 [별표 14]

제 7 장 여행업

1 여행업의 개념

관광진흥법에서 여행업이란 "여행자 또는 운송시설 · 숙박시설 그 밖에 여행에 딸리는 시설의 경영자 등을 위하여 그 시설이용의 알선이나 계약체결의 대리, 여행에 관한 안내, 그 밖에 여행의 편의를 제공하는 업"으로 정의하고 있다(관광진흥법 제3조 1항 1호).

2 여행업의 특성

여행업은 여행이라는 무형의 상품을 유형의 상품으로 인식되도록 상품화하여 유통시키는 전문성이 요구되는 노동집약적 서비스산업으로 사회 · 경제 · 문화 등 환경요소에 매우 민감하며 그 특성은 빠르게 변화하고 있다.

1) 노동집약적 사업

여행업은 타 산업에 비해 특허나 선진화된 기술력 및 설비구축에 따른 대규모 고정자본의 구성비가 낮은 반면, 인적 서비스를 중심으로 여행상품이 구성되므로 여행사가 대형화될수록 타사와의 차별화된 상품기획과 판매확대 등을 위해 경험이 풍부한 전문화된 인력의 투입이 요구되며, 이에 따른 운영비가 많이 소요된다.

또한 다양해지는 고객욕구에 부응해야 하고 여행상품 운영과정의 많은 변수들을 고려할 때 어느 정도의 업무표준화는 필요하나 자동화가 불가능하므로 여행은 인적의존도가 높은 노동집약적 산업이라고 할 수 있다.

2) 무형적·동시적 특성을 지닌 사업

여행은 경험이 창출하는 즐거움·휴식·편의·흥분 등과 같은 무형적인 편의를 소비하고 대가를 지불하는 것이다. 따라서 여행상품은 경험 등과 같은 무형적 편의를 창출하기 위한 수단인 교통·운송기관이나 숙박시설 등의 유형적 요소에 서비스 등의 무형적 요소가 결합된 것으로 각 공급업자들 간의 상호보완적 연계가 요구된다.

고객은 여행상품을 먼저 구매하고 여행과 동시에 소비한다. 이와 같이 여행상품의 생산과 소비의 동시성은 여행상품 소재공급업자의 시설 내에서 생산되고 소비되기 때문에 공급업자와 여행자는 서로 상호작용을 해야만 한다. 공급업자의 태도와 행동, 고객의 행동과 기대는 고객이 어떠한 여행을 경험할 수 있는가를 결정하는 중대한 요소가 된다. 최종적으로 여행상품에 대한 평가는 소비자 개인의 만족도나 효용도에 따라 달라지므로 표준화된 상품을 생산해낼 수 없는 특성도 지니고 있다. 이처럼 여행상품은 생산과 소비의 동시성으로 인하여 저장이 불가능한 무형의 상품이기 때문에 재고가 없으며 경영상 탄력성이 적다.

3) 경쟁지향적 사업

여행업은 타 사업에 비하여 등록요건만 갖추면 소규모의 자본으로도 회사의 설립이 용이하다.

회사명이나 여행사상품 브랜드명에 대해서만 특허권이 인정되고, 여행상품 자체에는 특허권이 인정되지 않는다.

제한된 여행소재 공급업자들로부터 단일상품을 제공받아 상품을 조합하고 구성하여 여행상품이 판매되므로 업체 간 상품의 모방이 용이하고, 타사상품과의 차별화가 어렵다.

신규진입의 용이함과 여행상품의 모방이 용이함으로 인하여 수요증가에 따라 여행상품의 다품종과 대량생산이 가능하다. 그러나 이에 따른 시장구조의 혼란 가능성도 항상 내포하고 있어서 여행사 간의 과당경쟁을 유발하는 하나의 원인으로 작용하고 있다.

4) 계절적 수요변화가 큰 사업

여행업은 계절·월·요일·시간요인 등에 의해 여행수요가 편중되기 때문에 성수기와 비수기의 수요탄력성이 매우 높다. 따라서 여행업자는 가격·여행조건의 차별화 등을 통해 성·비수기에 적합한 상품을 개발하여 경영전략을 다각화하여야 한다. 그러나 최근 주 5일근무제 등의 도입과 자율적인 휴가기간 사용이 일반화됨에 따라 성수기와 비수기의 구분이 점차 사라지는 추세이다.

5) 신용사업

신용은 여행사의 사업성을 좌우할 수 있는 중요한 요소로서 소비자인 여행객과의 신용관계와 여행소재공급업자인 시설업자와의 신용관계로 나누어서 생각할 수 있다.

여행상품은 반품이 불가능하고 경험한 후에 품질과 가치를 판단할 수 있는 무형의 서비스상품 특성을 지닌다. 여행상품 구매 시 사전에 비용을 지불해야 하는 여행객에게는 여행상품내용뿐만 아니라 여행사의 이미지와 신용도가 상품선택의 중요한 기준이 된다.

또한 여행관련 소재공급업자는 여행사에 대한 신용을 바탕으로 공급량을 조절하고 있으므로 결과적으로 여행업에서 신용은 성공의 변수가 된다. 따라서 여행사의 신뢰와 신용을 높이기 위해 고객과 약속한 여행조건을 충실히 이행하고 양질의 서비스를 제공하도록 노력해야 하며, 기업이미지와 상품의 브랜드를 높일 수 있도록 기업홍보에 힘써야 한다.

▲ 국내 여행사(하나투어, 모두투어) 지면 광고

출처 : www.hanatourcompany.com; www.modetournetwork.com

6) 환경변화에 민감한 사업

여행업은 국내외 정치·경제·사회·문화적 요인 등의 변화에 매우 민감한 사업이다. 관광수요는 관광에 소요되는 가격과 관광주체 개인의 가처분소득에 매우 탄력적인 경향을 보이며, 특히 여행업의 경우 외부적인 영향에 따라 수요의 변화가 뚜렷한 편이다. 이러한 영향을 가장 많이 받는 계층은 중저가상품을 선호하는 소비계층이며, 고가의 상품을 선호하는 소비계층이나 여행경험이 많은 소비계층의 경우에는 영향력이 적게 적용된다. 그러나 전염병이나 천재지변 등 생명과 직접적인 관련이 있는 사태가 발생하는 경우에는 일시적으로 수요가 감소하기도 한다.

7) 공익적 특성을 지닌 고부가가치 사업

여행업은 수익창출을 위한 경영활동 이외에 여러 국가와 국민 및 기업들을 대상으로 기업활동을 전개하므로 공익적 특성을 고려해야 한다. 여행사나 여행객의 이미지는 해당국가의 이미지와 직결되어 평가되기 때문에 각 나라의 정치·문화·역사 등을 이해하고 존중하는 자세가 필요하다.

또한 국가 간 통상마찰을 일으키지 않을 뿐만 아니라 공장건설이나 공해유발 없이 외화를 벌어들일 수 있는 고부가가치 사업으로 인식되어 그 중요성이 강조되고 있으며 전 세계적으로 급성장하는 사업이다.

8) 유통경로의 다양성

여행사는 여행상품을 여행객에게 유통시킴으로써 수익을 창출하고, 여행객에게 양질의 서비스를 지속적으로 제공하기 위해 관광관련업체와의 연관성을 유지하는 매개적 기능을 갖고 있다. 따라서 여행업은 다양한 형태의 유통경로가 존재하고 중간 매개업체의 역할 비중이 높다. 여행상품 역시 여행객과의 직접적인 접촉을 요구하므로 매개적 성격이 강하다. 그러나 최근 여행업은 단순매개적 기능에서 벗어나 환경적 요소들의 변화와 다양한 고객의 욕구를 반영하여 온라인 여행사OTA(Online Travel Agency)형태 및 시설업의 직접 운영과 현지 직영체제 등으로 차별화하고 공격적 경영체제를 구축하는 등 여행업의 특성은 점차 변화되고 있다.

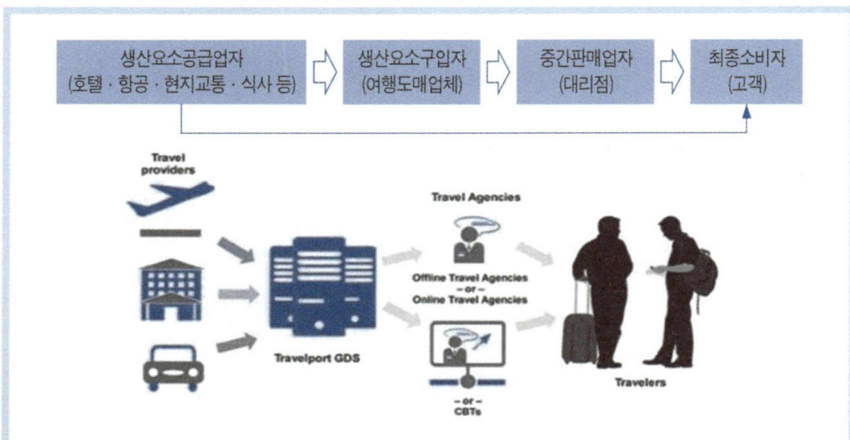

[그림 7-1] 여행상품의 유통구조

3 여행업의 분류

우리나라의 여행업은 관광진흥법 시행령 제2조 제1항(시행 2022.3.8.)에 의하여 종합여행업 · 국내외여행업 · 국내여행업으로 세분되어 있으며, 형식적인 측면과 실제 업무 측면 모두에서 가장 많이 이용되는 분류 방법이다.

우리나라에서 여행업을 경영하고자 하는 자는 종합여행업 · 국내외여행업 · 국내여행업 중에 등록을 해야 한다.

〈표 7-1〉 우리나라 여행업의 분류

영업 구분	업무대상분야	등록자본금
종합여행업	내국인대상의 국내여행 내국인대상의 국외여행 외국인대상의 국내여행	5,000만 원 이상
국내외여행업	내국인대상의 국내외여행	3,000만 원 이상
국내여행업	내국인대상의 국내여행	1,500만 원 이상

1) 종합여행업

종합여행업은 국내외를 여행하는 내국인 및 외국인을 대상으로 하는 여행업으로 사증(査證)을 받는 절차를 대행하는 행위를 포함한다(관광진흥법 시행령 제2조). 즉, 내국인의 국내여행(Domestic Tour)업무, 내국인의 국외여행(Outbound Tour)업무, 외국인의 국내여행(Inbound Tour)업무를 담당한다.

내국인의 국내여행업무는 국내를 여행하고자 하는 내국인 여행객을 대상으로 하며 국내항공권 및 철도승차권 같은 교통운송기관의 이용권 판매, 국내여행상품의 예약 및 수배, 판매 및 안내, 전세버스의 알선업무 등을 한다.

내국인의 국외여행업무는 국외관광을 하고자 하는 내국인 관광객을 대상으로 하며 국제선 항공권 판매, 국외관광의 수배와 알선, 국외여행상품 판매 및 국외관광에 따른 여권 · 사증(Visa)수속 등 기타 서비스를 알선하는 업무를 한다.

외국인의 국내여행업무는 외국인 관광객을 대상으로 하며 관광단체나 개인의 국내관광을 수배 · 알선하는 업무를 한다.

종합여행업은 가장 포괄적인 업무범위를 담당하며, 일반적으로 대형여행사들은 종합여행업에 등록하는 경우가 많다. 이처럼 국내와 국외여행관련 업무를 할 수 있는 종합여행사로서 내외국인 모두를 상대로 여행상품의 개발과 판매가 가능하며, 지상수배(Land Operation)와 안내업무 등을 할 수 있고, 외래관광객 유치를 위해 주요 해외도시에 영업망을 개설하고 관광객 유치를 위해 판매활동을 전개하는 등 광범위한 업무를 하고 있다.

2) 국내외여행업

국내외여행업은 국내외를 여행하는 내국인을 대상으로 하는 여행업으로 사증을 받는 절차를 대행하는 행위를 포함한다(관광진흥법 시행령 제2조). 즉, 내국인의 국내여행(Domestic Tour)과 내국인의 국외여행(Outbound Tour)업무를 담당하며 주로 국내 및 국외 여행과 관련한 전반적인 서비스 제공을 범주에 둔다.

3) 국내여행업

국내여행업은 국내를 여행하는 내국인을 대상으로 하는 여행업을 말한다(관광진흥법 시행령 제2조). 즉, 내국인의 국내여행(Domestic Tour)업무를 담당하며 주로 국내여행과 관련한 전반적인 서비스 제공을 범주에 둔다.

4) 온라인 여행사 OTA(Online Travel Agency)

(1) OTA(Online Travel Agency)의 개념4)

온라인 여행사란 e-비즈니스의 특징을 여행사에 적용하여 인터넷 플랫폼(온라인 플랫폼)을 기반으로 여행업 업무를 수행하는 여행사를 의미하며, OTA(Online Travel Agency)로 지칭하고 있다.

OTA는 항공을 비롯한 육상 및 수상 교통, 숙박, 관광지 등의 상품을 취급하며, 일반 오프라인 여행사와 동일하게 공급업체로부터 여행상품을 공급받아 대신 판매를 하고 알선 수수료를 취하는 방식의 영업활동을 한다.

(2) OTA의 발전

4차 산업혁명과 IT기술의 발달 등 산업 전반의 환경변화에 따라 전 세계 여행업의 시장환경은 전통적 유통구조에서 온라인 플랫폼을 기반으로 하는 OTA를 중심으로 하는 유통구조로 변화하고 있다.

---

4) 한국문화관광연구원(2017), 외국계 온라인 여행사(OTA)의 한국시장 진출에 따른 영향과 대응방향.

초기에는 오프라인 여행사들이 홈페이지상 자사의 여행상품을 홍보하는 형태였으나, 점차 복수의 여행상품 비교, 구매 및 결제가 가능한 형태로 발전하였다.

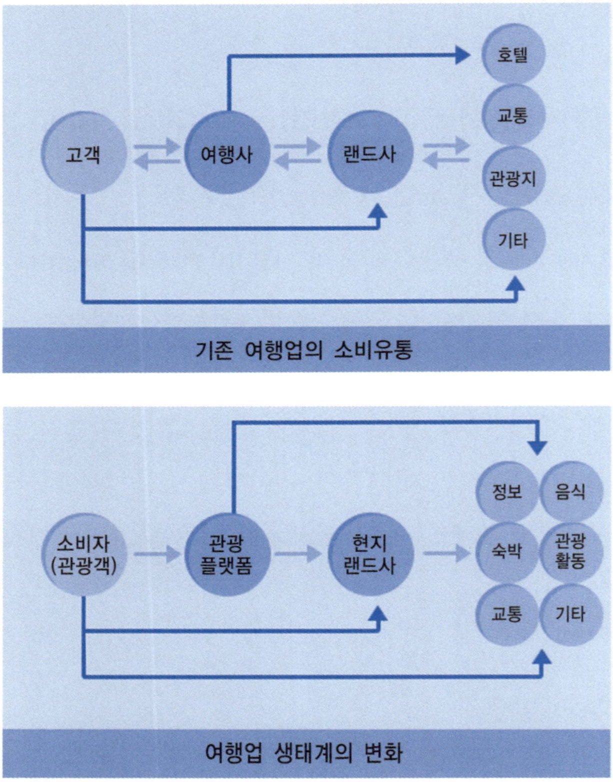

출처 : 한국문화관광연구원(2018), 온라인 개별관광상품 시장분석 및 정책방향

여행객의 다양한 욕구와 선호도에 대응할 수 있는 개별 자유여행(FIT, Foreign Independent Tour)형태의 여행상품들에 대한 수요가 급속히 증가함에 따라 여행객이 온라인과 모바일에서 여행상품을 편리하게 직접 예약하고 구매할 수 있도록 OTA가 온라인 플랫폼을 구축하여 공급업체와의 매개적 역할을 담당하고 있다.

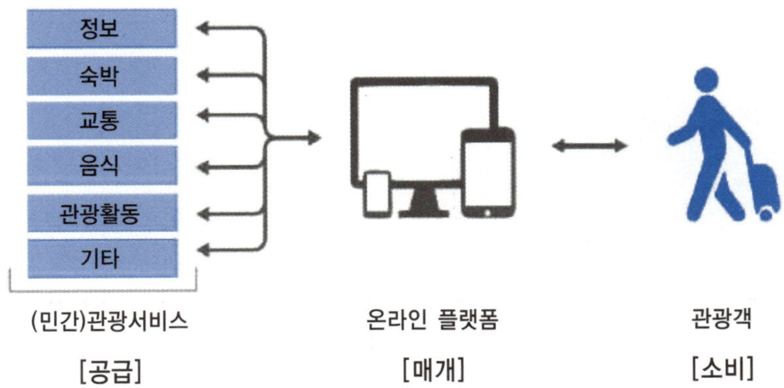

출처 : UNWTO(2017), New Platform Tourism Services

Global OTA Brands

Expedia · Hotels.com · agoda · Booking.com · Trip.com

[그림 7-2] 세계 주요 OTA 브랜드

4 여행업의 업무와 경영수익

1) 여행업의 업무

여행사의 조직과 업무는 변화하는 경영환경에 맞추어 각 여행사별로 조정되어 왔다. 우리나라 여행사조직의 대다수는 중 · 소규모로 운영되고 있어 몇 가지 이상의 업무를 중복하여 수행하는 경우가 많다.

여행사의 주요 업무는 부서별 업무연관성을 가지고 수행되고 있으며, 시설공급업자와 여행객 사이에서 기업의 이윤과 여행객의 욕구만족을 위하여 체계적으로 전문성을 가지고 운영된다.

일반적으로 여행사의 공통업무는 업무기능별로 기획업무, 판매업무, 수배 · 예약업무, 안내업무, 여행수속 및 대행업무, 관리업무, 인터넷 · 모바일 업무 등으로 분류할 수 있다.

최근 OTA와 같은 온라인 플랫폼을 기반으로 인터넷 · 모바일 판매가 급속히 증가함에 따라 온라인 영업전략에 따른 조직구성원의 업무를 병행하거나 별도 운영하는 사례가 증가하고 있다.

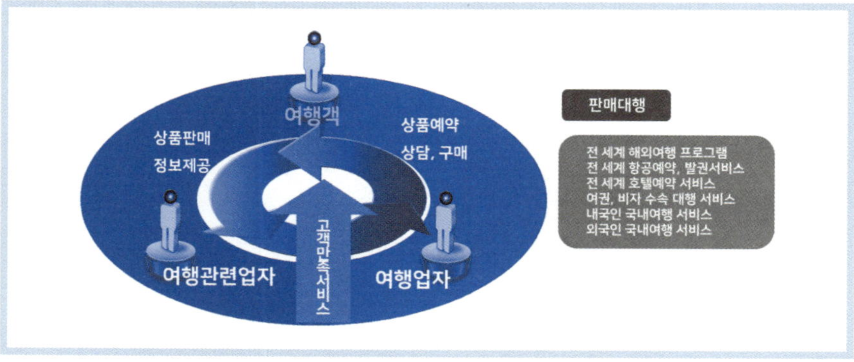

[그림 7-3] 여행사의 공통업무

〈표 7-2〉 여행사의 공통업무

업무기능별	주요 업무내용
기획업무	• 여행상품기획과 개발, 광고 및 홍보업무 • 항공사, 호텔, 식당, 버스 및 기타 관련업자와의 공조업무 • 여행상품의 가격결정 및 원가계산업무 • 여행일정 작성, 여행정보 수집업무 및 브로슈어 제작업무
판매업무	• 국내여행상품 · 국외여행상품 판매업무 • 국민관광객 유치 및 영업업무 • 항공권 발권 및 승차권 예약업무 • 국내 및 전 세계 숙박관련 예약대행 및 판매업무
수배 · 예약업무	• 지상수배에 대한 예약 및 수배업무(호텔, 관광지, 식당, 현지교통, 관광시설물 등)
안내업무	• 국내여행안내 업무(인솔 · 가이드업무) • Tour Escort업무(국외여행인솔업무) • Tour Guide업무(통역안내사 업무) • 여행상담, 전화 · 방문상담 안내업무 • 출(입)국수속(공항 센딩 및 미팅)업무
여행수속 및 대행업무	• 여권 · 비자수속 · 여행자보험 및 기타 대행관련업무
관리업무	• 경리(회계)업무 · 총무 · 인사관리 · 기획 · 경영정보 · 고객관리업무
인터넷 · 모바일 업무	• 주요 업무 병행수행

2) 여행업의 경영수익

여행업은 여행자와 교통운송시설 그리고 숙박시설 및 기타 이용시설 등의 매개자로서 역할을 하면서 이들의 예약 · 수배 · 알선 · 판매 등과 같은 서비스를 여행자에게 제공해 주고 일정한 대가를 받아 이를 경영수입으로 하는 사업체이다.

여행사의 수익원은 여행업이 수행하는 기능에 따라 다양하다고 할 수 있는데, 여행업자는 여행사의 판매상품을 공급해 주는 업체, 즉 여행사에 의하여 대리되는 회사 또는 개인으로 호텔, 항공사, 선박회사, 철도, 버스회사 등 관광관련기업(Principal)과의 계약을 통하여 대리점으로서 알선업무를 수행하며, 이들로부터 매출액에 대한 판매수수료를 지급받는다.

〈표 7-3〉 여행사의 주요 수익원

수수료의 종류	세부내용
여행상품 판매대행 수수료 수익금	자사의 상품이 아닌 도매여행사의 상품이나 여러 여행사에서 공동으로 진행하는 공동상품 등을 판매하고 얻어지는 수수료
여행상품 판매 수익금	여행사에서 여행상품의 원가를 분석하여 최대한의 이윤을 창출할 수 있도록 여행상품의 공급원가를 여행관련업자와 협의하고 여행상품의 판매를 통해 얻어지는 수익금. 즉, 여행사와 여행관련업자 사이에서 여행상품 공급원가 조율을 통해 발생하는 수익금액
부가 수익금	여행상품을 진행하면서 발생하는 쇼핑 수수료, 선택 관광경비 등을 포함한 각종 부가 수익금액
수속대행 수수료 수익금	각국의 비자와 여행상품을 판매하면서 대행해 주는 수익금으로 여행사 경영 수익금이라고도 함

제 8 장 관광숙박업 : 호텔업, 휴양 콘도미니엄업

1 관광숙박업의 개념

우리나라 관광진흥법 제3조 1항 2호에서는 관광숙박업의 종류를 호텔업과 휴양 콘도미니엄업으로 분류하고 있다.

관광숙박업 중 호텔업은 "관광객의 숙박에 적합한 시설을 갖추어 이를 관광객에게 제공하거나 숙박에 딸리는 음식 · 운동 · 오락 · 휴양 · 공연 또는 연수에 적합한 시설들을 함께 갖추어 이를 이용하게 하는 업"이라고 규정하고 있다.

휴양 콘도미니엄업은 "관광객의 숙박과 취사에 적합한 시설을 갖추어 이를 그 시설의 회원이나 공유자, 그 밖의 관광객에게 제공하거나 숙박에 딸리는 음식 · 운동 · 오락 · 휴양 · 공연 또는 연수에 적합한 시설 등을 함께 갖추어 이를 이용하게 하는 업"이라고 정의하고 있다.

호텔과 휴양 콘도미니엄업의 기본적인 기능은 같으나 휴양 콘도미니엄업은 취사가 가능하고 이용대상이 회원 · 공유자 기타 관광객이라는 점에서 차이가 있다.

2 관광숙박업의 분류

관광진흥법에서는 관광숙박업을 호텔업과 휴양 콘도미니엄업으로 분류하고(제3조 제1항 제2호), 다시 호텔업을 관광호텔업, 수상관광호텔업, 한국전통호텔업, 가족호텔업, 호스텔업, 소형호텔업, 의료관광호텔업 등으로 세분하고 있다(동법 시행령 제2조 제1항 제2호).

〈표 8-1〉 관광숙박업의 정의 및 종류

종류	세부종류	정의
호텔업	관광호텔업	관광객의 숙박에 적합한 시설을 갖추어 관광객에게 이용하게 하고 숙박에 딸린 음식 · 운동 · 오락 · 휴양 · 공연 또는 연수에 적합한 시설 등(이하 "부대시설"이라 한다)을 함께 갖추어 관광객에게 이용하게 하는 업
	수상관광호텔업	수상에 구조물 또는 선박을 고정하거나 매어 놓고 관광객의 숙박에 적합한 시설을 갖추거나 부대시설을 함께 갖추어 이를 관광객에게 이용하게 하는 업
	한국전통호텔업	한국전통의 건축물에 관광객의 숙박에 적합한 시설을 갖추거나 부대시설을 함께 갖추어 관광객에게 이용하게 하는 업
	가족호텔업	가족단위 관광객의 숙박에 적합한 시설 및 취사도구를 갖추어 관광객에게 이용하게 하거나 숙박에 딸린 음식 · 운동 · 휴양 또는 연수에 적합한 시설을 함께 갖추어 관광객에게 이용하게 하는 업
	호스텔업	배낭여행객 등 개별 관광객의 숙박에 적합한 시설로서 샤워장, 취사장 등의 편의시설과 외국인 및 내국인 관광객을 위한 문화 · 정보 교류시설 등을 함께 갖추어 이용하게 하는 업
	소형호텔업	관광객의 숙박에 적합한 시설을 소규모로 갖추고 숙박에 딸린 음식 · 운동 · 휴양 또는 연수에 적합한 시설을 함께 갖추어 관광객에게 이용하게 하는 업
	의료관광호텔업	의료관광객의 숙박에 적합한 시설 및 취사도구를 갖추거나 숙박에 딸린 음식 · 운동 또는 휴양에 적합한 시설을 함께 갖추어 주로 외국인 관광객에게 이용하게 하는 업
휴양 콘도미니엄업		관광객의 숙박과 취사에 적합한 시설을 갖추어 이를 그 시설의 회원이나 공유자 그 밖의 관광객에게 제공하거나 숙박에 딸리는 음식 · 운동 · 오락 · 휴양 · 공연 또는 연수에 적합한 시설 등을 함께 갖추어 이를 이용하게 하는 업

출처 : 관광진흥법 제3조 1항 2호; 동법 시행령 제2조 1항 2호.

3 관광숙박업의 등급

1) 등급결정 대상과 등급

문화체육관광부장관은 관광숙박시설 및 야영장 이용자의 편의를 돕고, 관광숙박시설·야영장 및 서비스의 수준을 효율적으로 유지·관리하기 위하여 관광숙박업자 및 야영장업자의 신청을 받아 관광숙박업 및 야영장업에 대한 등급을 정할 수 있다. 다만, 호텔업 등록을 한 자 중 대통령령으로 정하는 자는 등급결정을 신청하여야 한다(관광진흥법 제19조 제1항 〈개정 2015.2.3.〉). "대통령령으로 정하는 자"란 관광호텔업, 수상관광호텔업, 한국전통호텔업, 가족호텔업, 소형호텔업 또는 의료관광호텔업의 등록을 한 자를 말한다(관광진흥법 시행령 제22조 제1항).

호텔업의 등급은 5성급, 4성급, 3성급, 2성급 및 1성급으로 구분한다(관광진흥법 시행령 제22조 제2항 〈개정 2014.11.28.〉).

관광숙박업 등의 등급결정에 관하여 제주자치도에서는 문화체육관광부장관의 권한은 제주자치도지사의 권한으로 하고, 「관광진흥법 시행령」이나 「관광진흥법 시행규칙」에서 정하도록 되어 있는 것은 제주자치도 '도조례'로 정할 수 있게 하였다(제주특별법 제240조 제2항).

출처 : https://www.hotelrating.or.kr/attachment_introduce.do

[그림 8-1] 성급마크 등급표지

2) 호텔업 등급결정

관광진흥법에 따라 호텔업은 3년마다 등급평가를 의무적으로 받아야 한다.

문화체육관광부장관(제주자치도에서는 도지사)으로부터 호텔업의 등급결정권을 위탁받아 등급결정업무를 수행하는 등급결정업무 수행기관의 임 · 직원은 부정이나 위법행위로 인하여 「형법」 제129조부터 제132조까지의 규정을 적용하는 경우 공무원으로 본다(관광진흥법 제80조 4항).

문화체육관광부는 2021년 1월 1일부터 한국관광협회중앙회를 호텔업 등급결정업무 수탁기관으로 지정하여 호텔업등급관리국에서 등급결정 업무를 수행하고 있다.

(1) 등급결정 신청

관광호텔업, 수상관광호텔업, 한국전통호텔업, 가족호텔업, 소형호텔업 또는 의료관광호텔업의 등록을 한 자는 다음 각 호의 사유가 발생한 날부터 60일 이내에 문화체육관광부장관으로부터 등급결정권을 위탁받은 법인(이하 "등급결정 수탁기관"이라 한다)에 호텔업의 등급 중 희망하는 등급을 정하여 등급결정을 신청해야 한다(관광진흥법 시행규칙 제25조 제1항 〈개정 2021.12.31.〉).

1. 호텔을 신규 등록한 경우 : 호텔업 등록을 한 날부터 60일
2. 호텔업 등급결정의 유효기간이 만료되는 경우: 유효기간 만료 전 150일부터 90일까지

3. 시설의 증·개축 또는 서비스 및 운영실태 등의 변경에 따른 등급 조정사유가 발생한 경우 : 등급 조정사유가 발생한 날부터 60일
4. 호텔업 등급결정의 유효기간이 연장된 경우: 연장된 유효기간 만료일까지

(2) 등급평가기준

「관광진흥법 시행규칙」 제25조 제3항의 규정에 의한 호텔업의 등급 결정의 기준은 다음과 같다.

〈표 8-2〉 호텔업의 등급결정 기준

구분		5성	4성	3성	2성	1성
등급평가기준	현장평가	700점	585점	500점	400점	400점
	암행평가	300점	265점	–	–	–
	불시평가	–	–	200점	200점	200점
	총배점	1,000점	850점	700점	600점	600점
결정기준	공통기준	1. 등급별 등급평가기준상의 필수항목을 충족할 것 2. 제11조 제1항에 따른 점검 또는 검사가 유효할 것				
	등급별 기준	평가점수가 총 배점의 90% 이상	평가점수가 총 배점의 80% 이상	평가점수가 총 배점의 70% 이상	평가점수가 총 배점의 60% 이상	평가점수가 총 배점의 50% 이상

주 : 1. 1·2성급은 통합 신청 및 접수방식으로 진행하며, 1·2성 등급평가기준을 공통 적용한다.
2. 1·2성급은 총 배점의 60% 이상 득점 시 2성을 부여하고, 50% 이상 60% 미만 득점 시 1성을 부여한다.
3. 한국전통호텔업의 등급평가기준은 등급에 상관없이 현장평가 400점 및 불시평가 200점을 합산하여 총 배점을 600점으로 하되, 상기 표의 결정기준에 따라 등급을 부여한다.
4. 가족호텔업의 등급평가기준은 등급에 상관없이 현장평가 700점 및 불시평가 300점을 합산하여 총 배점을 1,000점으로 하되, 상기 표의 결정기준에 따라 등급을 부여한다.

출처 : 관광진흥법 시행규칙. 호텔업의 등급결정 기준(제7조 제1항 관련) [별표 1]

(3) 등급결정의 평가요소

등급결정 수탁기관이 등급결정을 하는 경우에는 다음 각 호의 요소를 평가하여야 하며, 그 세부적인 기준 및 절차는 문화체육관광부장관이 정하여 고시한다(관광진흥법 시행규칙 제25조 3항 〈개정 2014.12.31.〉).

1. 서비스 상태
2. 객실 및 부대시설의 상태
3. 안전관리 등에 관한 법령 준수 여부

(4) 등급결정

① 등급결정 수탁기관은 제1항에 따른 등급결정 신청을 받은 경우에는 문화체육관광부장관이 정하여 고시하는 호텔업 등급결정의 기준에 따라 신청일부터 90일 이내에 해당 호텔의 등급을 결정하여 신청인에게 통지해야 한다. 다만, 부득이한 사유가 있는 경우에는 60일의 범위에서 등급결정 기간을 연장할 수 있다(관광진흥법 시행규칙 제25조 2항 〈개정 2021.12.31.〉).

② 등급결정 수탁기관은 평가의 공정성을 위하여 필요하다고 인정하는 경우에는 평가를 마칠 때까지 평가의 일정 등을 신청인에게 알리지 아니할 수 있다(관광진흥법 시행규칙 제25조 4항 〈개정 2014.12.31.〉).

③ 등급결정 수탁기관은 평가한 결과 등급결정 기준에 미달하는 경우에는 해당 호텔의 등급결정을 보류하여야 한다. 이 경우 보류사실을 신청인에게 통지하여야 한다(관광진흥법 시행규칙 제25조 5항 〈개정 2014.12.31.〉).

(5) 등급결정의 재신청 등

① 등급결정 보류의 통지를 받은 신청인은 그 보류의 통지를 받은 날부터 60일 이내에 신청한 등급과 동일한 등급 또는 낮은 등급으로 호텔업 등급결정의 재신청을 하여야 한다(관광진흥법 시행규칙 제25조의2 제1항 〈신설 2014.12.31.〉). 이때 재신청을 받은 '등급결정 수탁기관'은 해당 호텔의 등급을 결정하거나 해당 호텔의 등급결정을 보류한 후 그 사실을 신청인에게 통지하여야 한다(관광진흥법 시행규칙 제25조의2 제2항 〈신설 2014.12.31.〉).

② 등급결정이 보류되어 당초 신청한 등급과 동일한 등급으로 호텔업 등급결정을 재신청하였으나 다시 등급결정이 보류된 경우에는 등급결정 보류의 통지를 받은 날부터 60일 이내에 신청한 등급보다 낮은 등급으로 등급결정을 신청하거나 '등급결정 수탁기관'에 등급결정의 보류에 대한 이의를 신청하여야 한다(관광진흥법 시행규칙 제25조의2 제3항 〈신설 2014.12.31.〉).

③ 호텔의 등급결정이 두 차례나 보류되어 이의신청을 한 경우에 이의신청을 받은 '등급결정 수탁기관'은 문화체육관광부장관이 정하여 고시하는 절차에 따라 신청일부터 90일 이내에 이의신청에 이유가 있는지 여부를 판단하여 처리하여야 한다. 다만, 부득이한 사유가 있는 경우에는 60일의 범위에서 그 기간을 연장할 수 있다.

④ 2차 보류에 대한 불복으로 이의신청을 거친 자가 다시 등급결정을 신청하는 경우에는 당초 신청한 등급보다 낮은 등급으로만 할 수 있다.

⑤ 등급결정보류의 통지를 받은 신청인이 직전에 신청한 등급보다 낮은 등급으로 호텔업 등급결정을 재신청하였으나 다시 등급결정이 보류된 경우에는 최초로 등급결정 보류의 통지를 받은 신청인이 재신청을 하는 경우와 같은 절차에 따라 처리하게 된다.

(6) 등급결정의 유효기간 등

① 문화체육관광부장관은 법(제19조 제1항)에 따른 등급결정 결과를 분기별로 문화체육관광부의 인터넷 홈페이지에 공표하여야 하고, 필요한 경우에는 그 밖의 효과적인 방법으로 공표할 수 있다(관광진흥법 시행규칙 제25조의3 제1항 〈개정 2021.12.31.〉).

② 호텔업 등급결정의 유효기간은 등급결정을 받은 날부터 3년으로 한다. 다만, 제25조 제2항에 따른 통지 전에 호텔업 등급결정의 유효기간이 만료된 경우에는 새로운 등급결정을 받기 전까지 종전의 등급결정이 유효한 것으로 본다(관광진흥법 시행규칙 제25조의3 제2항 〈개정 2021.12.31.〉).

③ 문화체육관광부장관은 법(제19조 제5항)에 따라 기존의 등급결정의 유효기간을「재난 및 안전관리 기본법」제38조 제2항에 따른 경계 이상의 위기경보가 발령된 날부터 2년의 범위에서 문화체육관광부장관이 정하여 고시하는 기한까지 연장할 수 있다(관광진흥법 시행규칙 제25조의3 제3항 〈신설 2021.12.31.〉).

④ 이 규칙에서 규정한 사항 외에 호텔업의 등급결정에 필요한 사항은 문화체육관광부장관이 정하여 고시한다(관광진흥법 시행규칙 제25조의3 제4항 〈개정 2021.12.31.〉).

(7) 등급결정 호텔 현황

국내 등급결정 호텔 현황을 살펴보면 2022년 10월 24일 기준 등급이 유효한 전체 호텔 수는 785개이며 관광호텔업이 728개로 93%, 소형호텔업이 30개로 4%, 가족호텔업이 23개로 3%, 한국전통호텔업이 4개로 1%의 비율을 보이고 있다.

등급이 유효한 전체 호텔 수 중 5성 70개, 4성 110개, 3성 209개, 2성 279개, 1성 117개의 등급으로 결정되었다.

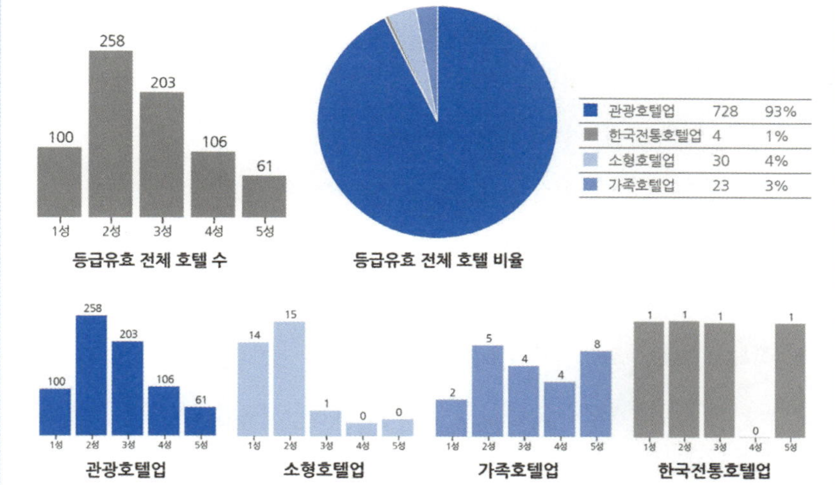

출처 : https://www.hotelrating.or.kr/status_hotel_list.do 재구성.

[그림 8-2] 국내 등급결정 호텔 현황

4 호텔업의 업무와 경영방식

1) 호텔 서비스 업무

호텔은 고객에게 편안한 휴식과 안락한 수면을 할 수 있는 공간과 비즈니스를 할 수 있는 사무공간을 제공할 뿐만 아니라 식음료 · 연회 · 레저 · 스포츠 · 오락 · 쇼핑 등을 즐길 수 있는 복합적인 기능을 갖춘 공간으로써 최고급 인적 서비스를 제공한다.

일반적으로 호텔에서 판매하는 주요 상품은 객실, 식음료, 기타 부대상품 등으로 분류할 수 있다.

호텔의 상품은 고품질의 시설 및 물품 등을 제공하는 물적 서비스와 호텔 종사원의 인적 서비스, 그리고 호텔을 종합적으로 관리하는 호텔 자산관리시스템(PMS : Property Management System)과 같은 시스템적 서비스가 복합적으로 구성된 것이라 할 수 있다.

고객의 만족도를 높이고 호텔의 경쟁력 강화와 수익의 극대화를 위해서 호텔 서비스의 범위는 더욱 확대되고 다양화되고 있으며 서비스 품질 관리의 중요성 또한 강조되고 있다.

호텔을 이용하는 고객들은 호텔에 도착하기 전, 호텔 도착, 호텔 체재, 호텔 출발 등 각각의 과정별로 호텔의 다양한 자원들과 접촉하게 된다. 고객과 직접적인 접촉으로 인해 서비스가 이루어지는 접객 부서(Front of The House)의 측면에서 객실 부문(Room Department), 식음료 부문(Food & Beverage Department), 그리고 기타 부문으로 호텔 서비스 업무를 나누어볼 수 있다.

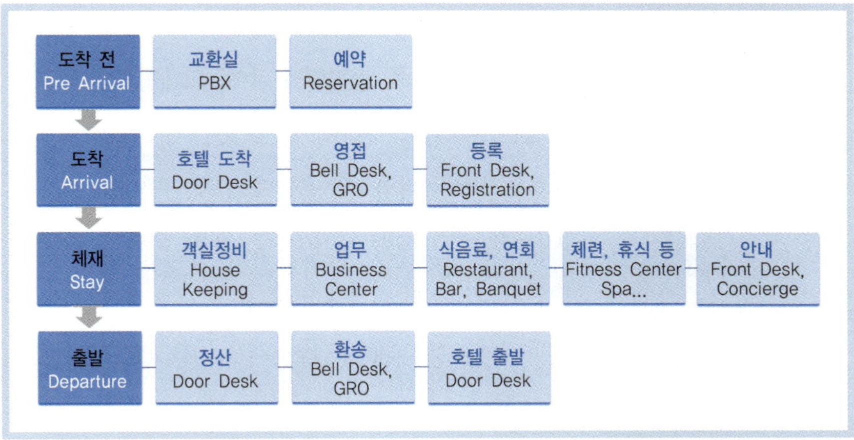

[그림 8-3] 호텔 고객 이용과정에 따른 부서별 업무 구분

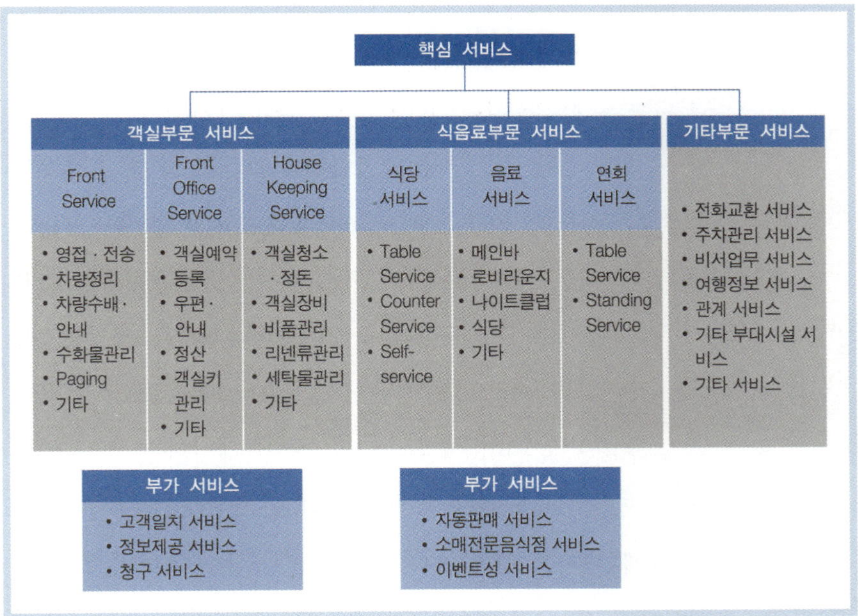

[그림 8-4] 호텔 서비스 업무

(1) 객실부문

객실은 호텔에서 판매하는 상품 중 핵심이 되는 상품이자 호텔 경영상의 주요 수익원이다. 대다수의 고객들은 숙박을 위한 목적으로 호텔을 이용한다. 고객들은 다른 분야에서 제공되는 서비스 품질에 비해 호텔이 고품질의 서비스를 제공할 것이라는 기대심리를 갖는 경향이 있기 때문에 이러한 고객의 욕구를 충족시켜 고객 만족도를 높이는 것은 호텔 경영에 있어 중요한 과제이다. 객실부문 서비스는 호텔 이미지와 호텔의 전반적인 서비스 수준을 평가하는 데 있어 중요한 요소이다.

객실부문의 주요 서비스는 프런트 서비스, 프런트 오피스 서비스, 하우스키핑 서비스로 구분할 수 있다.

(2) 식음료부문

호텔 식음료부문의 핵심 서비스는 한식·양식·일식 등을 고객에게 전달하는 식당 서비스(Restaurant Service), 로비라운지·나이트클럽·메인바 등에서 음료를 고객에게 전달하는 음료 서비스(Beverage Service), 그리고 각종 연회행사의 경우 식음료부문에 따른 연회 서비스(Banquet Service) 등으로 구분하여 볼 수 있다.

(3) 기타부문

호텔 서비스는 객실부문 서비스와 식음료부문 서비스 외에도 전화교환 서비스, 주차관리 서비스, 비서업무 서비스, 여행정보 서비스, 관계 서비스 등 호텔규모에 따라 다양한 서비스가 이루어질 수 있다.

2) 호텔 서비스 제공 범위

호텔이 소비자들에게 제공하는 서비스 범위에 따라 제한된 서비스 호텔과 풀 서비스 호텔 두 가지로 분류할 수 있다.

(1) 제한된 서비스 호텔(Limited Service Hotel)

제한된 서비스를 제공하는 호텔이란 일반적으로 호텔이 제공할 수 있는 다양한 서비스 중에서 가급적 최소 범위의 서비스만을 제공하는 호텔을 말한다. 1990년대 이후 중저가 호텔, 식음료시설이 제외된 중급 호텔로 세분화되기 시작하였다.

제한된 서비스 호텔의 주요 고객층은 대부분 가격에 민감한 상용 및 관광여행객들이며, 평균체재일수는 하루 또는 이틀 정도 단기간 체류하는 특징을 보이고 있다. 이러한 수준의 호텔들은 아주 간단한 무료 아침식사 이외에는 식음료 서비스를 제공하지 않으며, 회의시설, 연회시설, 벨 서비스, 주차 서비스 등은 제공하지 않거나 아주 제한적으로 운영된다.

저가호텔은 제한된 서비스 호텔에서 질이나 가격대에서 가장 낮은 수준의 호텔로 가격대에 민감한 소비자들이 주요 고객이다. 대표적인 호텔 브랜드는 Motel 6, Super 8 Motel, Econo Lodge 등이 있다.

중저가 호텔은 중간 수준의 서비스를 제공하고 가격대도 중간 수준으로 형성되어 있다. 대표적인 호텔 브랜드는 Days Inn, Travelodge, Fairfield Inn, Ramada Limited 등의 호텔을 들 수 있다.

식음료 시설이 제외된 중급 호텔은 제한된 서비스 호텔 중에서 가장 고급이며, 가격대도 가장 높다. 대표적인 호텔 브랜드는 Comfort Inn,

Best Western, Holiday Inn Express 등이 있다.

(2) 풀 서비스 호텔(Full Service Hotel)

풀 서비스 호텔들은 제한된 서비스를 제공하는 호텔들보다 호텔의 시설 및 서비스의 질적 수준이 높으며, 식음료 서비스의 종류 및 부대시설이 다양하다. 또한 벨 서비스, 룸 서비스, 세탁 서비스, 비즈니스센터 등 고객에 대한 다양한 서비스를 제공하고 있다. 서비스 수준과 이용 가격대가 낮은 순서에서 높은 순서로 식음료 시설이 있는 중급 호텔, 중상급 호텔, 고급 호텔, 최고급 호텔로 세분화할 수 있다.

식음료 시설이 제공되는 중급 호텔은 풀 서비스 호텔 중에서 규모·호텔시설·서비스 수준·부대시설·가격대 등이 가장 낮은 호텔이며, 제공되는 서비스의 범위도 가장 제한적이다. 대표적인 호텔 브랜드로는 Holiday Inn, Best Western, Ramada, Courtyard, Howard Johnson 등이 있다.

중상급 호텔은 고급 호텔보다 규모면, 시설, 서비스 수준, 서비스의 제공범위, 가격대가 한 단계 아래인 호텔들로 대표적 브랜드는 Radisson, Hilton Garden Inn, Embassy Suite, Crowne Plaza, Clarion 등이 있다.

고급 호텔은 최고급 호텔보다 서비스 수준 및 가격대가 한 단계 낮은 호텔이다. 대표적 체인호텔로는 Marriott, Sheraton, Westin, Hyatt, Hilton, Renaissance, InterContinental, Hotel Sofitel, Le Meridien 등의 브랜드가 있다.

이 중 최고급 호텔은 별 4개 또는 별 5개 수준의 고급 호텔로 서비스 범위가 가장 다양하다. 주고객은 가격대에 전혀 민감하지 않은 기업체 임원과 상용 및 관광여행객들이다. 대표적 호텔 브랜드는 Four Seasons, Ritz-Carlton, The Luxury Collection, Fairmont 등이 있다.

출처 : www.marriott.com

[그림 8-5] Marriott International의 호텔 브랜드

출처 : https://all.accor.com/south-korea/index.ko.shtml

[그림 8-6] Accor의 호텔 브랜드

3) 호텔의 경영방식

(1) 단독경영호텔(Independent Hotel)

단독경영호텔이란 다른 호텔들과 어떤 관계도 유지하지 않고 소유주가 단독적으로 소유 및 운영하는 호텔로 소유자직영방식이라고도 한다. 호텔의 소유자가 호텔에 대한 인력자원, 마케팅, 재무, 회계 등에 대해 직접 관여하여 호텔을 운영하는 방식으로 타사로부터 자금지원이나 경영지원 없이 독립적으로 운영하는 형태이다. 수수료 비용이 들지 않지만 투자에 대한 위험부담이 높고, 호텔건설 및 경영 노하우의 부족, 해외 마케팅의 한계 등으로 경영상의 위험도가 높은 편이다.

(2) 체인경영호텔(Chain Hotel)

체인호텔은 최소 2개 이상의 호텔들이 하나의 그룹으로 형성되어 직간접적 관계를 유지하며 운영되는 호텔집단을 의미하며, 개인이나 모회사가 다수의 호텔을 여러 지역에 소유하고 호텔을 경영하는 방식이다.

일반적으로 체인본부가 경영을 책임지고 소유권에 대한 지분을 보유하거나 주주로부터 호텔시설을 임차하여 운영하며, 고유의 상호 · 상표 · 장식 · 건축양식 등을 동일하게 유지함으로써 표준화된 서비스를 고객에게 보장한다.

대표적인 체인호텔기업으로는 Marriott International, Hilton Hotels & Resorts, Hyatt Corporation, Accor, InterContinental Hotels Group 등이 있다.

5 휴양 콘도미니엄의 특성과 운영방식

1) 휴양 콘도미니엄의 특성

휴양 콘도미니엄은 휴양을 위한 관광시설 공간차원으로서 리조트(Resort)지역에 건립된 공동소유 혹은 공동으로 사용하는 숙박과 취사 기능이 복합된 관광숙박업이라고 할 수 있다.

일반호텔과 달리 객실 내에 취사시설이 되어 있고, 룸 서비스(Room Service)가 없어서 투숙자는 외식을 하거나 방에 설치된 취사시설과 장비를 이용하여 스스로 취사를 행하며, 객실 내의 기본적인 청소는 투숙자 스스로 해야 하지만, 각 방에 대한 메이드 서비스(Maid Service)는 호텔과 같이 받을 수 있다.

휴양 콘도미니엄은 객실의 크기에 따라 요금차이가 많이 나지만, 대체적으로 도심지역의 특급호텔 객실요금보다는 저렴한 편이다. 그러나 임대조건은 외국의 경우에는 계약기간이 수일 · 수주일 · 1개월 단위로 하는 것을 원칙으로 하고 있으며, 우리나라에서는 연간 28일 이용형태가 보편적이다.

휴양 콘도미니엄은 공동건물에 개별적 소유권을 행사하는 분양식 가족호텔 또는 별장의 성격을 가지고 있으나, 호텔 및 별장과는 구별되는 독특한 특성이 있다. 아파트 · 빌라 · 별장 · 호텔의 특성 중 여행객에게 편리한 부분만을 골라 복합시킨 가족단위 숙박시설이라는 점이 기본 특성이라 할 수 있다.

〈표 8-3〉 호텔, 별장, 휴양 콘도미니엄의 비교

구분	호텔	별장	휴양 콘도미니엄
사용일수 (연간)	필요시 (28일 기준)	365일 (실사용일수 15~20일)	30일
이용범위	1실	1개소	국내외 전체인 이용
경비 산정 (예시)	(2실요금+3식+봉사료) ×28일(5인 기준)	1년관리비+보수비+세금	(1년관리비+사용이익금) ×1/10
재산적 가치	없음	소유권×(1+물가상승률)	소유권×(1+물가상승률) +이용권×(1+물가상승률)
비고	개인취사 불가	매식가능	취사 · 매식자유

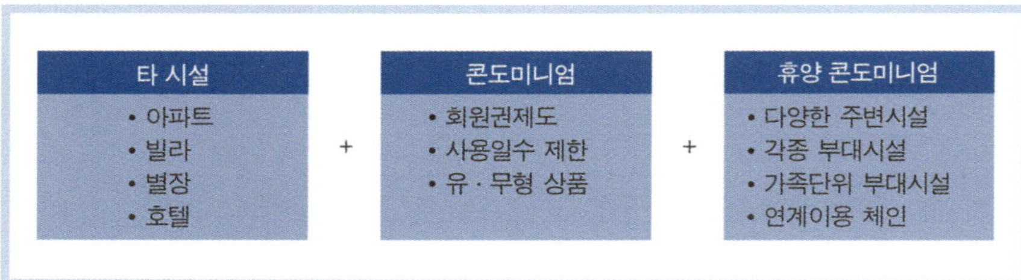

[그림 8-7] 휴양 콘도미니엄의 기본 특성

(1) 휴양 콘도미니엄의 기업적 특성

콘도미니엄의 관리회사는 1개의 독립된 콘도미니엄만 관리하는 것이 아니라 몇 개의 콘도미니엄을 하나의 조직으로 서로 이용할 수 있는 체인조직이 되어 있으며, 이는 Regular Chain 소유권, 즉 경영권을 모두 본사에 귀속시켜 강력하게 육성하는 제도를 택하는 특성이 있다.

(2) 휴양 콘도미니엄 체인조직의 특성

① 1구좌로 국내외의 체인으로 운영되는 모든 휴양 콘도미니엄의 이용이 가능하다.

② 전문가의 활용으로 경영향상을 기할 수 있으며, 조직이 커지면 업무에 대한 전문가를 채용하고 이를 충분이 활용하는 것이 가능하다.

③ 경영에 통일성을 기할 수 있으며, 광범위한 공동선전을 할 수 있다.

④ 대량구입으로 원가절감을 할 수 있으며, 예약망을 이용하여 효과적인 운용이 가능하다.

⑤ 경영활동이나 경영환경을 수량적으로 파악하여 그 수치에 따라 합리적으로 관리하는 효율적인 계수관리가 가능하다.

(3) 경영 및 운영체제

① 매매 · 상속이 가능하며, 부대시설이 설치되어 있다.

② 주택과 구별되어 관광숙박시설로 인정되고, 1가구 2주택 및 특별부과세 부과대상에서 제외된다.

③ 회원권 구입자는 소유한 회원이 등기권을 행사할 수 있고, 양도가 가능하다.

④ 건립대상지역을 관광지, 관광휴양지, 유원지, 기타 자연경관이 수려한 지역 등으로 제한하는 지리적 여건에 대한 의존도가 타 기업에 비하여 높다.

⑤ 시설의 노후화 주기가 타 기업에 비하여 빠르다.

⑥ 공유제인 경우 소유권이전으로 인한 재산권행사가 가능하다.

⑦ 콘도미니엄의 최초투자 후에 개발자금은 회원을 모집하여 충당한다.

⑧ 관리회사는 단순한 관리 외의 서비스를 제공하여야 한다.

⑨ 소유와 운영의 완전분리가 되어 있다.

⑩ 최초관리회사의 관리업무기간이 설정되어 있다.

⑪ 회원의 이용권을 확보하면서 회원의 재산을 보존한다는 부동산증식의 의무적 행위가 요구된다.

⑫ 고정자산(건물 및 기타 시설)에 대한 의존성이 높다.

(4) 휴양 콘도미니엄 상품의 특성

① 별장이나 호텔과 달리 연간 사용일수가 회사별로 정해져 있다.

② 객실이 비어 있을 경우에는 회원이 아닌 일반객도 숙박이 가능하다.

③ 연간 사용일수가 평일 · 휴일, 성수기 · 비수기에 따라 제한되어 있다.

④ 객실에 취사시설이 되어 있어 자취가 가능하며, 체인으로 조직된 여러 콘도미니엄을 이용할 수도 있고, 회원이 이용할 수 있는 기일이 한정되어 있다.

⑤ 성수기 수요를 조정하기 위해 평일 · 주말 이용권, 여름 · 겨울 특별이용권 등으로 이용권을 구분한다.

⑥ 매매 · 상속이 가능하다.

⑦ 온가족이 함께 즐길 수 있는 복합레저공간으로의 역할을 한다.

2) 휴양 콘도미니엄의 운영방식

휴양 콘도미니엄은 회원제도와 소유방식을 구분하여 운영하고 있다.

(1) 회원제도

① 공유제 회원(Ownership Members)

공유제 회원은 콘도미니엄회사나 분양회사가 콘도미니엄 객실 분양 시 소유권 자체를 매각하는 것으로, 회원은 객실에 대한 지분소유권을 취득하기 위하여 등기를 할 수 있고, 회원권의 매매로 이루어지며, 취득세와 재산세를 납부해야 한다.

② 회원제 회원(Membership Members)

회원제는 소유권 등기를 할 수 없고, 시설의 이용권리만을 취득하는 것이며, 재산세는 납부하지 않는다. 따라서 회원제 취급금액은 보증금 형태로서 반환성 무이자 장기부채를 근거로 하여 약정된 기간(주로 7년 · 15년 · 20년, 혹은 영구)이 되면 회원에게 돌려주는 금액이다.

공유제와 회원제는 시설이용 면에서는 차이가 없고, 소유권 유무에만 차이가 있으며, 회원제의 경우 기한(이용기간)이 설정되는 경우가 많으나, 위의 두 가지 방식을 혼합해서 운영하는 것이 통례이다.

〈표 8-4〉 공유제(Ownership)와 회원제(Membership)의 비교

구분	공유제	회원제
법적 용어	Ownership	Membership
정의	분양회사가 시설을 매각하여 지분소유권을 회원에게 양도	반환성 무이자 장기부채인 입회금을 근거로 회원에게 시설이용권 부여
개요	특정지역의 휴양 콘도미니엄을 공유지분으로 분양받고 회사가 정하는 소정의 시설관리보증금과 입회금(이용자격보증금) 및 시설손괴보증금을 완납하고 약관에서 정하는 소정의 절차를 거쳐 회원이 됨	회사가 정하는 소정의 입회금(회원자격보증금, 이용자격보증금) 및 시설손괴보증금을 완납하고 약관에서 정하는 소정의 절차를 거쳐 회원이 됨
콘도 이용권	회원으로서 이용권보장, 회원권 양도 · 양수 · 증여 · 상속가능	회원으로서 이용권보장, 회원권 양도 · 양수 · 증여 · 상속가능
등기권리	등기이전가능(개인소유)	등기이전불가능(운영회사 소유)
재산권	소유권등기로 보장	재산권보장 없음
재산증식	부동산가격에 따른 재산증식가능	부동산상승이익 회사에 귀속
제세금	재산세 · 등록세 부담	취득세 부담
분양가격	회원제보다 고가	공유제보다 저가
시설 재건축 시 책임	회원은 건축비 부담	회사가 건축비 부담
시설 멸실 시	천재지변 등으로 인한 재산멸실 우려	시설손괴보증금청구권 보장
회원보유 기간	평생소유(반영구적)	10년 · 20년
회원기간 만료 시	평생소유, 개 · 보수비용 부담	보증금 반환, 회원자격상실, 연장가능 · 자동연장
운영회사 부도 시	이용권리 및 재산권 보장	이용권리 보장, 회원자격 자동연장, 보증금반환지연
운영회사 파산 시	재산권 100% 보장	보증금반환 보장책 없음
타 회사 인수 시	재산권행사 100% 승계	일반적 판례상 회원자격 승계
장점	투자가치와 재산권 있고, 계약의 안전성	공유제보다 낮은 분양가, 세금 · 공과금 부담이 없고, 보증금 환급가능
단점	분양권 취득에 따른 세금부담	회사가 도산할 경우 보장책 미비

(2) 회원권의 소유방식

① 공동소유

객실당 2개 이상의 구좌로 보통 2~10개 구좌가 설정되고, 회원확대 및 대중화를 위한 가격인하를 위해 1실당 20개가량의 구좌가 설정되는 경우도 있다.

② 단독소유

객실 1개당 1구좌로 하여 1명의 소유자만 인정하는 것을 말하며, 이 경우에는 콘도대중화에 위배되고, 가입 시 큰 부담을 감수해야 하나, 필요에 따라 연중 아무 때나 이용할 수 있는 것이 장점이다.

제9장 국제회의업

1 국제회의의 개념

1) 국제회의의 정의

국제회의(International Meeting)의 사전적 정의는 국제적 이해에 관한 사항을 심의 · 결정하기 위하여 여러 나라의 대표자에 의해서 열리는 공식적인 회의라고 할 수 있다.

법률적인 개념 정의로서 국제회의란 상당수의 외국인이 참가하는 회의(세미나 · 토론회 · 전시회 등을 포함)로서 대통령령이 정하는 종류와 규모에 해당하는 것을 말한다(국제회의 산업육성에 관한 법률 제2조).

우리나라 「국제회의산업 육성에 관한 법률 시행령」 제2조에서는 다음 두 가지 측면에서 규정하고 있다.

① 국제기구 또는 국제기구에 가입한 기관 · 법인 · 단체가 개최하는 회의로서 5개국 이상의 외국인이 참가하고, 회의참가자는 300인 이상으로 외국인이 100명 이상, 3일 이상 진행되는 회의일 것

② 국제기구에 가입하지 않은 기관 · 법인 · 단체가 개최하는 회의로서 회의참가자 중 외국인이 150인 이상, 2일 이상 진행되는 회의일 것

그러나 일반적 의미에서는 특정사람들이 특정시기와 장소에 모여 의견과 정보를 교류하는 일련의 집회 및 행사를 뜻하며, 개최목적 및 성격

등에 따라 국내 · 국제회의뿐만 아니라, 전시 · 교역 · 이벤트 기능 등이 중요시되는 경향을 보이고 있다. 따라서 국제회의는 국경을 초월하여 사람 · 지식 · 정보 · 상품 등의 다양한 교류의 장으로서 각종 이벤트 · 전시회 등을 개최하는 행위의 총체라고 할 수 있다.

〈표 9-1〉 MICE 유형별 정의와 범위

구분	정의	범위
미팅 (Meeting)	• 아이디어 교환, 토론, 정보교환, 사회적 네트워크 형성을 위한 각종 회의	Convention 기준에는 부합하지 않지만, 전체 참가자가 10명 이상인 정부, 공공, 협회, 학회, 기업회의로 전문회의시설, 준회의시설, 중소규모회의시설, 호텔, 휴양 콘도미니엄 등에서 4시간 이상 개최되는 회의 * 단, 외국인 참가자가 10명 미만인 행사는 국내 Meeting으로 간주함
인센티브 투어 (Incentive Tour)	• 조직원들의 성과에 대한 보상 및 동기 부여를 위한 순수보상 여행 및 보상 관광 회의	외국에서 국내로 오는(inbound) 외국인이 10명 이상 참가하며 국내 숙박시설에서 2박 이상 체류하는 보상관광
컨벤션 (Convention)	• 아이디어 교환, 토론, 정보교환, 사회적 네트워크 형성을 위한 각종 회의	외국인 참가자가 10명 이상이며 동시에(and) 전체 참가자가 250명 이상인 정부, 공공, 협회, 학회, 기업회의로서 전문회의시설, 준회의시설, 중소규모회의시설, 호텔, 휴양 콘도미니엄 등에서 4시간 이상 개최되는 회의
전시 (Exhibition)	• 유통 · 무역업자, 소비자, 일반인 등을 대상으로 판매, 홍보, 마케팅 활동을 하는 각종 전시회	전시산업발전법에 의한 전시회로 무역전시회, 소비자전시회 및 혼합전시회(1일 이상)

출처 : 한국관광공사, 2015 MICE 산업통계 조사 · 연구.

국제회의는 일반적으로 MICE(마이스)라고 지칭하는데 Meeting(회의·기업회의), Incentive Travel·Trip(포상관광), Convention·Conference(컨벤션, 국제회의), Exhibition·Event(전시·이벤트)를 의미한다. 「국제회의산업 육성에 관한 법률」 등 국제회의 관련 법률에 의거하여 MICE 유형에 따라 관련 정책이 추진되고 있으며 한국관광공사에서는 MICE의 유형을 미팅(Meeting), 인센티브 투어(Incentive Tour), 컨벤션(Convention), 전시(Exhibition) 등 총 4가지의 유형으로 구분하고 있다(한국관광공사, 2015).

2) 국제회의의 분류

일반적으로 국제회의는 형태에 따라 회의(Meeting), 컨벤션(Convention), 컨퍼런스(Conference), 콩그레스(Congress), 총회(Assembly), 포럼(Forum),

▲ Conference

▲ Assembly

▲ Symposium

▲ Panel Discussion

▲ Teleconferencing

▲ Exhibition

심포지엄(Symposium), 패널토의(Panel Discussion), 워크숍(Workshop), 세미나(Seminar), 클리닉(Clinic), 콜로퀴엄(Colloquium), 강의(Lecture), 원격회의(Teleconferencing), 전시회(Exhibition), 트레이드 쇼(Trade Show) 등으로 분류된다.

〈표 9-2〉 국제회의의 형태별 분류

형태	특징
회의 (Meeting)	• 모든 종류의 회의를 총칭하는 포괄적인 용어 • 사전에 결정된 목표나 목적을 달성하기 위하여 동일한 관심을 가진 사람들이 일정한 장소 또는 시청각시설을 갖춘 곳에서 하는 회의
컨벤션 (Convention)	• 가장 일반적인 회의분야로 사전에 결정된 일정에 의해 진행되는 공식적인 회의 · 전시 · 이벤트 등을 수반하는 일련의 집회 • 일반적으로 규모가 크고 정기적인 연례형식으로 개최 • 다수의 주제를 다루는 업계의 정기회의에 자주 사용
컨퍼런스 (Conference)	• 공식적 상호 의견교환 및 일반적 관심사를 논의하기 위한 2명 이상의 회합 • 주로 과학 · 기술 · 학문분야의 새로운 지식습득 및 특정주제연구를 위한 회의
콩그레스 (Congress)	• 컨퍼런스와 유사하고, 유럽에서는 국제적 회의를 지칭 • 미국에서는 입법부를 지칭 • 본 회의와 사교행사 또는 관광행사가 동반되는 큰 행사
총회 (Assembly)	• 한 기구의 회원국들의 대표가 모여 의사 · 정책 등을 결정하고 위원회의 선출과 예산협의의 목적으로 모이는 공식적인 회의
포럼 (Forum)	• 일정한 주제에 대하여 상반된 견해를 가진 동일분야의 전문가들이 사회자의 주도하에 청중 앞에서 행하는 공개토론회 • 청중이 자유롭게 질의에 참여할 수 있고, 사회자가 의견을 종합하고 토론을 이끌어 가는 역할을 함
심포지엄 (Symposium)	• 제시된 안건에 대하여 전문가들이 청중 앞에 벌이는 공개토론회 • 포럼과 유사하나 형식적 • 청중의 질의가 가능하나 포럼에 비해 기회가 적음

형태	특징
패널토의 (Panel Discussion)	• 일정한 문제에 관하여 사회자의 주도하에 토론집단인 패널의 견해를 차례로 발표하게 하는 전문가집단회의 • 청중도 토론에 참여 가능
워크숍 (Workshop)	• 특정분야에 종사하는 소규모집단의 사람들을 위한 집중적인 교육 프로그램 • 교육 담당자의 주도하에 특정문제나 과제에 관하여 참석자 전원이 새로운 지식 · 기술 · 아이디어 등을 교환하는 회의 • 기업체에서 많이 실시
세미나 (Seminar)	• 대면토의로 진행되는 소규모의 비형식적 모임 • 주로 교육적 목적을 갖고 특정주제에 관하여 전문가의 강연형식으로 진행되며 의견교환이 자유로움
클리닉 (Clinic)	• 특정분야에 있어 특별한 지식과 기술을 배우거나 습득하는 교육적인 모임이나 구체적인 문제해결 결과분석을 위해 개최되는 집단회의
콜로퀴엄 (Colloquium)	• 주로 학문적 연구과제를 토론하는 비공식적인 회의 • 서로의 생각과 관심사를 교환
강의 (Lecture)	• 심포지엄에 비해 더 형식적 • 한 사람의 전문가가 한 주제에 관하여 공식적인 설명과 강의를 하며, 청중의 질의 기회 여부는 상황에 따라 달라짐
원격회의 (Teleconferencing)	• 원격회의는 장소를 이동하지 않고 여러 장소에서 동시에 회의를 할 수 있는 방법 • 커뮤니케이션 통신망의 획기적인 발달에 따라 여행비용과 시간 등을 소비하지 않고 이용할 수 있어 기업가들의 이용률이 증가
전시회 (Exhibition)	• 주로 회의나 컨벤션과 연계되어 개최되는 행사 • 무역 · 산업 · 교육분야 또는 상품 · 서비스 판매업자들을 초청하고 대규모 전시회를 개최하여 제품 및 서비스에 대한 상호 간의 정보 제공
트레이드 쇼 (Trade Show)	• 전시회 자체만을 위한 행사 • 유럽에서는 다른 프로그램과의 연계 없이 개최되는 전시회를 무역 · 산업 박람회(Trade Fair)라 함

2 국제회의산업의 구조

1) 국제회의의 구성요소

주최자 · 참가자 · 개최시설은 국제회의를 구성하는 3대 주요 요소라 할 수 있다. 그 밖에 컨벤션전담기구(CVB), 컨벤션기획자(PCO), 관련업계 등의 전문가 서비스지원이 필요하며, 기타 각종 교통 · 숙박시설 · 음식점 · 관광지 등이 포함된다.

(1) 주최자

주최자는 협회와 기업이 대표적이고, 협회의 경우 일반적으로 정기적인 연례총회의 형태로 비교적 개최규모가 큰 편이며, 참가자 모집을 위해 적극적인 홍보를 하는 반면, 기업은 비공식적인 성격의 행사가 많고 비정기적으로 개최되어 개최규모 · 개최건수 등이 일정하지 않다.

(2) 참가자

국제회의의 소비자라고 할 수 있는 참가자는 일반적으로 교육 및 훈련, 회원 간 친목도모, 신기술습득, 정보교류, 관광, 레크리에이션(오락) 활동 등의 목적으로 참가한다. 회의의 목적과 성격에 따라 참가 패턴에 차이가 있다. 즉 기업회의 참가자는 회의참가가 의무적이고, 참가비용은 주로 기업이 부담하며, 홍보기간이 필요하지 않다. 국제회의 참가자는 일반적으로 고학력의 남성 참가자가 많은 편이며, 협회회의 참가자는 협회회원으로서 자발적인 참여로 참가비용도 본인부담인 경우가 많다.

(3) 개최시설

개최시설은 호텔 · 컨벤션센터 · 컨퍼런스센터가 가장 높은 비중을 차지하며, 이외에도 대학 캠퍼스, 리조트, 크루즈, 박물관 · 미술관 등과 같은 공공건물이 포함된다. 국내의 경우 호텔이 국제회의 개최시설로써 가장 많이 이용되고 있으며, 최근에는 전시시설을 포함한 컨벤션센터의 비중이 높아지고 있다.

(4) 컨벤션뷰로(CVB, Convention & Visitors Bureaus)

컨벤션뷰로는 컨벤션전담기구로서 해당 국가나 지역을 대표해 국내 및 국제회의를 전문적으로 유치하고 이와 관련된 각종 활동을 지원하는 조직으로 기본적 역할은 지역 전체를 하나의 상품으로 패키지화해 국제회의를 유치함으로써 관광산업을 활성화하는 데 목적이 있다.

주요 업무는 국제회의 시장조사 및 업계에 대한 정보제공, 국제회의 국내유치활동 전개, 국내개최 국제회의 운영지원, 컨벤션 마케팅활동, 컨벤션 전문인력 양성, 컨벤션 설명회 개최, 한국컨벤션협의회 사무국 운영, 국제기구와의 협력활동 등 국제회의사업 육성을 위한 기반을 조성하고 있다.

2) 국제회의업의 구조와 파급효과

국제회의산업의 구조는 회의 개최의 주제를 제공하는 대상인 '주최자'와 회의에 참가하는 대상인 '참가자', 회의를 기획하고 운영하는 대상인 '국제회의 서비스 제공자'라는 3가지 대상을 중심으로 구성되는데, 이들 각 대상은 자신이 추구하는 가치 획득을 위하여 비용을 지출하게 된다. 국제회의 개최 과정에서 투입되는 지출은 상호 연동되어 고부가가치를 창출하며, 이는 연계 분야로의 지속적인 확산 및 파급을 가져온다(한국관광공사, 2018).

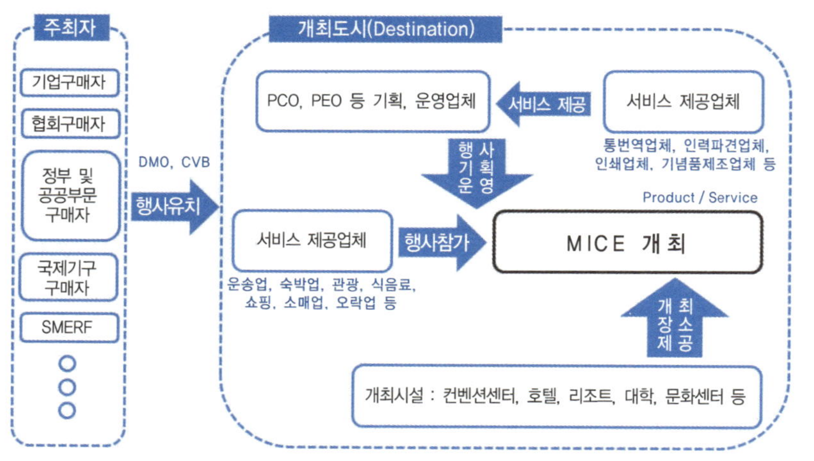

출처 : 한국관광공사(2018), 2018MICE산업의 경제적 파급효과.

[그림 9-1] MICE산업의 순환구조

국제회의업은 개최지역이나 국가에 미치는 경제적 · 사회적 · 문화적 · 정치적 · 관광적 측면에서 큰 영향을 미치는 종합 시스템사업이다.

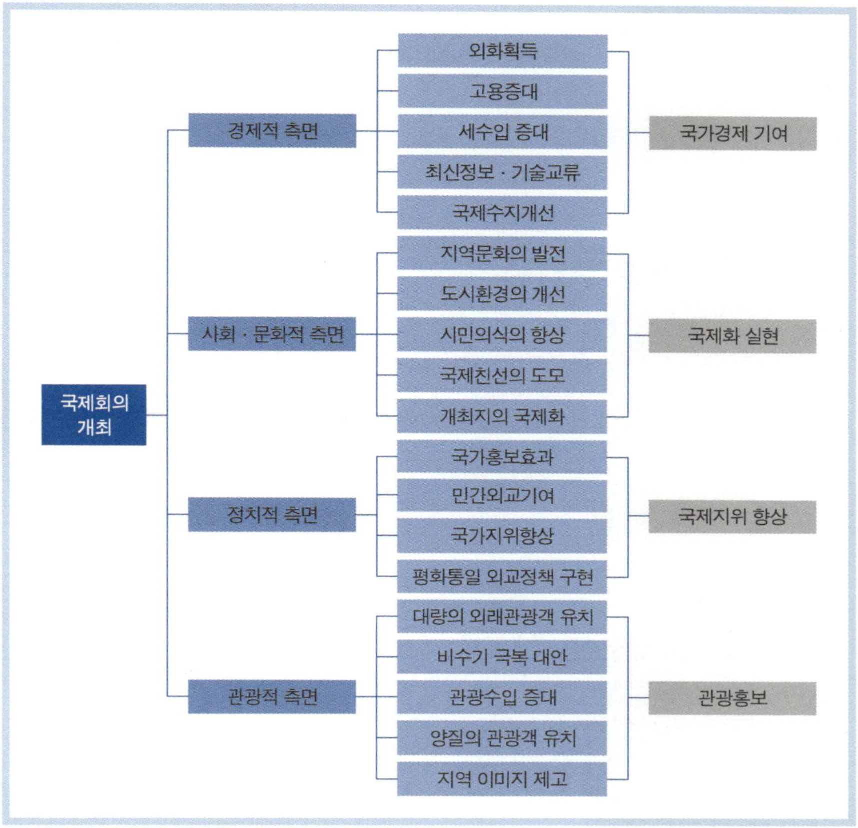

[그림 9-2] **국제회의 개최의 파급효과**

직접관련사업인 호텔업 · 여행업 · 항공업 · 운송업 · 외식업 · 쇼핑업 등의 관광사업뿐만 아니라 정보관련 서비스업(소프트웨어, 정보처리, 정보제공, 방송 서비스 등), 지식관련 서비스업(전시업, 디자인업, 기계설비업, 방송설비업 등), 물품임대관련 서비스업(사무용기기 임대업, 컴퓨터기기 임대업 등), 그리고 기타 서비스업(경비 · 경호업 등) 등 연관산업에 파급효과가 큰 고부가가치사업이다. 따라서 세계 각국은 국가적 차원에서 컨벤션센터 등 기반시설 확충뿐만 아니라 컨벤션뷰로, 또는 국가관광기구(NTO : National Tourism Organization) 등의 지원육성을 강화하고 있으며, 국제회의업의 규모는 급속하게 확대되고 있다.

3 국제회의업의 업무

국제회의산업은 국제회의의 유치와 개최에 필요한 국제회의시설, 서비스 등과 관련된 산업을 말한다(국제회의산업 육성에 관한 법률 제2조 2호).

관광진흥법에서는 국제회의시설업과 국제회의기획업으로 규정하고 있다.

1) 국제회의시설업

(1) 국제회의시설업의 정의

국제회의시설업이란 대규모 관광수요를 유발하는 국제회의를 개최할 수 있는 시설을 설치하여 운영하는 업이다(관광진흥법 시행령 제2조).

국제회의시설업은 관광사업자의 결격사유(관광진흥법 제7조)만 없으면 누구든지 경영할 수 있으며 국제회의시설의 건립과 확충사업에 관광진흥개발기금을 출자할 수 있게 함으로써 민간자본의 유치를 촉진하고 있다.

(2) 국제회의시설의 종류

국제회의시설은 전문회의시설 · 준회의시설 · 전문전시시설 · 부대시설로 구분하고 있다(국제회의산업 육성에 관한 법률 시행령 제3조).

전문회의시설인 컨벤션시설은 주시설인 회의장 · 전시장 · 이벤트시설 등이고, 지원시설로는 유지관리시설과 식음료 서비스시설 및 공공서비스시설이 있으며, 관련시설로는 숙박시설, 쇼핑 · 위락시설, 업무시설 등이 있다.

제반 시설 서비스는 행사의 성패를 좌우할 수 있는 중요한 요소이므로 성공적인 국제회의의 개최를 위해서는 기본적으로 컨벤션센터 · 회의장 · 전시장, 숙박시설, 식음료시설, 편의시설, 음향 · 영상설비, 운송수단, 주차장, 경호, 안전시설 등 시설 서비스가 완벽하게 갖추어져야만 한다.

〈표 9-3〉 국제회의 시설별 요구조건

시설의 종류	시설의 규모
전문회의시설	• 컨벤션센터, 호텔시설 등 시설 • 대회의실(2,000인 이상 수용) 1실, 중 · 소회의실(30인 이상 수용) 10실 이상 • 옥내 전시면적(2,500m^2 이상)
준회의시설	• 호텔 연회장, 공연장, 체육관 등 시설 • 대회의실(600인 이상 수용) 1실, 중 · 소회의실(30인 이상 수용) 3실 이상
전문전시시설	• 옥내 전시면적(2,500m^2 이상) • 중 · 소회의실(30인 이상 수용) 5실 이상
부대시설	• 전문회의시설 및 전문시설에 부속된 숙박 · 주차 · 식음료 · 휴식 · 판매시설 등

출처 : 「국제회의산업 육성에 관한 법률 시행령」 제3조.

〈표 9-4〉 컨벤션센터의 시설구성 및 관련 사업

<table>
<tr><th colspan="2">컨벤션 시설구분</th><th>세부시설</th><th>컨벤션 관련산업</th></tr>
<tr><td rowspan="3">주시설</td><td>회의장</td><td>총회의장(auditorium), 대회의장(main hall), 중 · 소회의장, 연회장, 지원시설</td><td rowspan="3">회의기획업(congress organizer), 통역 · 번역 · 속기, 인쇄 · 출판, 사진, 문구, 기념품전시업, 장식업, 그래픽 디자인, 꽃집, 내레이터 모델, 이벤트회사, 모형제작사</td></tr>
<tr><td>전시장</td><td>상설전시장, 기획전시장, 야외전시장, 전시준비작업장, 전시장 지원시설</td></tr>
<tr><td>이벤트 시설</td><td>운동경기 등 다목적용도의 이벤트 행사장, 가변무대시설, 대형 영상시설, 특수음향장치, Art and Craft Center</td></tr>
<tr><td rowspan="3">지원시설</td><td>유지관리 시설</td><td>직접관리(행사관리)시설, 간접관리(시설 및 인력관리)시설</td><td>리스회사, 오디오 · 비디오 기기, 경비업, 청소업, 전기 · 배관공사</td></tr>
<tr><td>식음료 서비스 시설</td><td>대형 주방, 대 · 중 · 소규모의 식당, 스낵바 등</td><td>급식산업, 요식업</td></tr>
<tr><td>공공 서비스 시설</td><td>옥내외 주차시설, 교통 터미널(환승센터), 은행, 우체국, 병원, 방송센터, 국제통신센터 등</td><td>항공 · 철도 · 선박회사, 버스 · 택시 · 렌털, 방송국, 통관업, 창고업, 배송업, 언론사, 은행, 전기 · 통신업, 우체국</td></tr>
<tr><td rowspan="3">관련시설</td><td>숙박시설</td><td>특급 및 중급 호텔, 시설운영요원 오피스텔, 한국전통호텔 등 특징적 숙박시설</td><td>호텔 · 여관업</td></tr>
<tr><td>쇼핑 · 위락 시설</td><td>관광기념품판매점, 관광음식점, 민속촌, 면세점, 종합휴양업, 상징타워, 관광, 녹지 등</td><td>백화점, 시장, 면세점, 쇼핑센터, 여행대리업, 관광 가이드, 미술관, 박물관, 유원지, 동물원, 기타 오락문화시설</td></tr>
<tr><td>업무시설</td><td>오피스 파크</td><td></td></tr>
</table>

2) 국제회의기획업의 업무

(1) 국제회의기획업의 정의

국제회의기획업(PCO: Professional Convention/Congress Organizer)은 대규모 관광수요를 유발하는 국제회의의 계획·준비·진행 등 필요한 업무를 위탁받아 대행하는 업이라고 「관광진흥법 시행령」 제2조에서 규정하고 있다.

일반적인 국제회의기획업의 의미는 국제회의 또는 전시회 행사와 관련되는 각종 전문용역을 제공하고 효율적 회의기획과 운영을 통하여 그 수익을 창출하는 사업이라고 할 수 있다.

국제회의기획업은 자본금 5천만 원 이상, 사무실의 소유권 또는 사용권이 있는 업체에 한하여 등록할 수 있도록 「관광진흥법」에서 규정하고 있다.

국제회의기획업체는 국제회의의 개최와 관련된 다양한 업무를 행사 주최 측으로부터 위임받아 부분적 또는 전체적으로 대행해 주는 영리업체 또는 개인을 말한다.

(2) 국제회의기획업의 업무와 역할

국제회의는 준비과정·기획·운영에 있어 개최성격에 따라 다양성을 가지기 때문에 고도의 전문인력인 국제회의전문가의 역할이 매우 중요하다. 이들은 국제회의나 전시회·박람회 등을 기획·운영하고 세부적인 프로그램 기획, 참석자등록, 조직위 스태프 구성, 여행사 선정, 항공·숙박알선, 개·폐회식 의전, 참석자 투어 프로그램 등 국제회의 유치단계에서부터 사후 회계업무까지의 모든 과정에 참여하는 총괄적 업무를 담당한다. 따라서 국제회의 전문가는 능숙한 외국어 · 컴퓨터 능력이 필수적이며, 회의기획과 운영, 이벤트기획, 관광 마케팅, 국제 매너 등에 대한 교육을 이수하고 업무의 특성상 강인한 체력 및 돌발적인 상황에 대처할 수 있는 순발력이 필요하며, 사람들과의 친화력과 호감 있는 성품 또한 요구된다.

국제회의의 기획 및 운영을 위한 업무는 일반적으로 업무의 성격과 내용에 따라 총 11개(총괄기획, 등록, 숙박, 학술, 의전, 수송, 관광, 행사 및 식음료, 홍보 · 출판, 전시, 재정)로 분류할 수 있다.

국제회의는 철저한 계획에 의하여 이루어져야 하며, 시기별 업무계획을 세분화하여 각 분야의 전문가에게 업무분장을 해야 하고, 행사일정에 맞추어 차질 없이 진행하는 것이 중요하다.

국제회의기획업체는 정부기관 및 공공기관과 협력하여 국제회의의 국내유치를 위한 협력방안연구 및 촉진활동을 하며, 주최 측으로부터 위임받은 국제회의의 성공적인 개최와 운영을 위해 주최 측과 상호 긴밀한 협조하에서 제반 업무를 조정하며 운영한다.

또한 국제회의관련 서비스업체 및 외부기관들과의 긴밀한 업무협조관계를 유지하여 주최 측과 참가자들에게 행사가 효율적으로 운영된다는 확신을 갖도록 해야 한다.

〈표 9–5〉 국제회의 기획 및 운영업무 분류

<table>
<tr><th>주요 업무</th><th>세부업무 내용</th><th>주요 업무</th><th>세부업무 내용</th></tr>
<tr><td rowspan="7">총괄기획</td><td>조직구성</td><td rowspan="4">수송</td><td>수송운영 기본계획 수립</td></tr>
<tr><td>개최지 선정</td><td>항공수송</td></tr>
<tr><td>개최계획 수립</td><td>지상수송</td></tr>
<tr><td>VIP관리</td><td>사후보고</td></tr>
<tr><td>인력관리</td><td rowspan="5">관광</td><td>관광운영 기본계획 수립</td></tr>
<tr><td>행사운영</td><td>프로그램별 코스 및 참가비 결정</td></tr>
<tr><td>사후업무</td><td>관광예약관리</td></tr>
<tr><td rowspan="6">등록</td><td>등록비계획</td><td>관광 프로그램 운영</td></tr>
<tr><td>참가독려</td><td>사후보고</td></tr>
<tr><td>등록접수관리</td><td rowspan="5">행사 및 식 · 음료</td><td rowspan="2">행사 및 식 · 음료 운영기본계획 수립</td></tr>
<tr><td>등록운영준비</td></tr>
<tr><td>현장운영관리</td><td>행사별 운영준비</td></tr>
<tr><td>사후보고</td><td>행사 및 식음료 운영</td></tr>
<tr><td rowspan="4">숙박</td><td>호텔선정</td><td>사후보고</td></tr>
<tr><td>숙박예약관리</td><td rowspan="7">홍보 · 출판</td><td>홍보 · 출판 기본계획 수립</td></tr>
<tr><td>숙박현장운영</td><td>홈페이지 운영</td></tr>
<tr><td>사후보고</td><td>홍보물 제작</td></tr>
<tr><td rowspan="7">학술</td><td>학술운영 기본계획 수립</td><td>사전홍보 진행</td></tr>
<tr><td>초청자관리</td><td>현장홍보 준비</td></tr>
<tr><td>발표자료관리</td><td>현장홍보 진행</td></tr>
<tr><td>발표자관리</td><td>사후보고</td></tr>
<tr><td>현장운영준비</td><td rowspan="5">전시</td><td>전시운영 기본계획 수립</td></tr>
<tr><td>현장운영</td><td>업체 유치 및 관리</td></tr>
<tr><td>사후보고</td><td>전시운영 준비</td></tr>
<tr><td rowspan="4">의전</td><td>의전운영 기본계획 수립</td><td>전시회 운영</td></tr>
<tr><td>공항영접 · 환송</td><td>사후보고</td></tr>
<tr><td>회의장 의전</td><td rowspan="2">재정</td><td>후원단체 확보</td></tr>
<tr><td>사후보고</td><td>예산관리</td></tr>
</table>

제10장 카지노업

1 카지노업의 개념

1) 카지노업의 정의

카지노는 '여러 가지 오락활동을 즐길 수 있는 연회장'의 의미를 갖는 이탈리아어의 'Casa'라는 말에서 유래되어 17~18세기 중엽 중세유럽의 귀족사회에서의 사교 · 오락용의 별관을 뜻하였으나, 현재는 해변 · 온천 · 휴양지 등에 있는 일반 실내 도박장을 의미한다.

카지노업이란 "전문 영업장을 갖추고 주사위 · 트럼프 · 슬롯머신 등 특정한 기구 등을 이용하여 우연의 결과에 따라 특정인에게 재산상의 이익을 주고 다른 참가자에게 손실을 주는 행위 등을 하는 업"이다(관광진흥법 제3조 제1항 5호).

일반적으로 카지노는 카지노 게임이 이루어지는 곳으로 사교나 여가 · 관광 활동을 위한 공간의 역할을 한다. 오늘날 카지노는 다양한 볼거리를 제공하는 복합 엔터테인먼트 공간으로 자리매김하고 있다.

2) 카지노업의 허가요건

관광사업 중 카지노업은 허가대상업종에 해당한다. 카지노업을 경영하려는 자는 전용영업장 등 문화체육관광부령으로 정하는 시설과 기구를 갖추어 문화체육관광부장관의 허가를 받아야 한다(관광진흥법 제5조 1

항). 예외적으로 제주도는「제주특별자치도 설치 및 국제자유도시조성을 위한 특별법」이 제정 시행됨에 따라 제주지역 외국인전용카지노업에 대하여는 제주도지사가 카지노업 허가권 및 지도 감독기능을 행사한다.

카지노업의 허가대상시설은 국제공항이나 국제여객선터미널이 있는 특별시 · 광역시 · 특별자치시 · 도 · 특별자치도(이하 "시 · 도"라 한다)에 있거나 관광특구에 있는 관광숙박업 중 호텔업 시설(관광숙박업의 등급 중 최상 등급을 받은 시설만 해당하며, 시 · 도에 최상 등급의 시설이 없는 경우에는 그 다음 등급의 시설만 해당한다) 또는 대통령령으로 정하는 국제회의업 시설의 부대시설에서 카지노업을 하려는 경우로서 대통령령으로 정하는 요건에 맞는 경우이다. 또한 우리나라와 외국을 왕래하는 여객선에서 카지노업을 하려는 경우로서 대통령령으로 정하는 요건에 맞는 경우 허가를 받을 수 있다(관광진흥법 제21조).

문화체육관광부장관이 공공의 안녕, 질서유지 또는 카지노업의 건전한 발전을 위하여 필요하다고 인정하면 대통령령으로 정하는 바에 따라 제1항에 따른 허가를 제한할 수 있다(관광진흥법 제21조).

2 카지노업의 영업 종류와 국내 운영현황

1) 카지노업의 영업 종류

국내 카지노업의 영업 종류는 관광진흥법상 룰렛(Roulette), 블랙잭(Blackjack), 다이스(Dice), 포커(Poker), 바카라(Baccarat), 다이사이(Tai Sai), 키노(Keno), 빅휠(Big Wheel), 빠이 까우(Pai Cow), 판 탄(Fan Tan),

조커 세븐(Joker Seven), 라운드 크랩스(Round Craps), 트란타 콰란타(Trent Et Quarante), 프렌치 볼(French Boule), 차카락(Chuck-A-Luck), 빙고(Bingo), 마작(Mahjong), 슬롯머신(Slot Machine), 비디오게임(Video Game), 카지노 워(Casino War)의 20종류로 규정되어 있다. 또한 카지노업 영업준칙에 의하여 카지노 영업시설운영 전반에 관한 규정(시설관리, 게임기구 관리, 영업, 회계 등)에 의거하여 운영되며 카지노 사업자와 종사원 그리고 이용객이 지켜야 할 사항을 정하여 카지노업의 건전한 발전을 도모하고 있다.

▲ 룰렛(Roulette)

▲ 블랙잭(Blackjack)

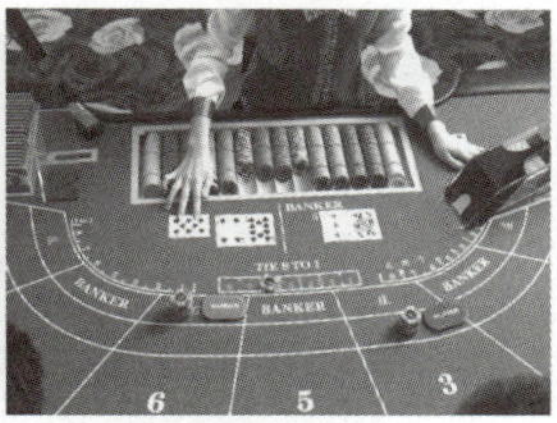

▲ 바카라(Baccarat)

▲ 빅휠(Big Wheel)

▲ 라운드 크랩스(Round Craps)

▲ 슬롯머신(Slot Machine)

〈표 10-1〉 카지노 영업장의 게임 종류와 방법

게임 종류	게임방법
룰렛 (Roulette)	딜러가 수십 개의 고정숫자가 표시된 회전판을 회전시키고 회전판 위에 회전과 반대방향으로 공을 회전시킨 후 공이 낙착되는 숫자를 알아맞춘 참가자에게 소정의 당첨금을 지불하는 방식의 게임
블랙잭 (Blackjack)	딜러가 자신과 게임참가자에게 카드를 순차로 분배하여 카드숫자의 합이 21에 가깝도록 만들되, 딜러가 가진 카드의 숫자의 합과 참가자가 가진 카드의 숫자합을 비교하여 카드숫자 합이 21에 가까운 자가 승자가 되는 방식의 게임
다이스 (Dice)	참가자가 2개 주사위를 던져 주사위 합이 참가자가 미리 선정한 숫자와 일치되는지 여부로 승패를 결정하는 방식의 게임
포커 (Poker)	딜러가 참가자에게 일정한 방식으로 카드를 분배한 후 미리 정해진 카드순위 기준에 따라 참가자 중 가장 높은 순위의 카드를 가진 참가자가 우승자가 되는 방식의 게임
바카라 (Baccarat)	딜러가 양편으로 구분되는 참가자에게 각각 카드를 분배한 후 양측 중 카드숫자 합이 9에 가까운 측을 승자로 결정하는 방식의 게임
다이사이 (Tai Sai)	딜러가 쉐이커(주사위를 흔드는 기구) 내에 있는 주사위 3개를 흔들어 주사위가 나타내는 숫자 합 또는 조합을 알아맞추는 참가자에게 소정의 당첨금을 지불하는 방식의 게임
키노 (Keno)	참가자가 선정한 수개의 번호가 딜러 자신의 특정한 기구에서 추첨한 수개의 번호와 일치하는 정도에 따라 소정의 당첨금을 지불하는 방식의 게임
빅휠 (Big Wheel)	딜러가 다수의 칸막이에 각양의 심벌(symbol)이 그려져 있는 세로로 세운 회전판을 돌려 회전판이 멈추는 지점의 심벌을 맞추는 참가자를 승자로 결정하는 방식의 게임
빠이 까우 (Pai Cow)	딜러가 참가자 중에서 선정된 특정인(뱅커)과 다른 참가자들에게 일정한 방식으로 도미노를 분배하여 뱅커와 다른 참가자들 간에 높은 도미노패를 가진 쪽을 승자로 결정하는 방식의 게임
판 탄 (Fan Tan)	딜러가 버튼(단추모양의 기구)의 무리에서 불특정량을 분리하여 수를 4로 나누어 남는 나머지의 수를 알아맞추는 참가자를 승자로 결정하는 방식의 게임
조커 세븐 (Joker Seven)	딜러가 참가자에게 카드를 순차로 분배하여 카드조합이 미리 정해 놓은 조합과 일치하는지 여부에 따라 승패를 결정하는 방식의 게임

게임 종류	게임방법
라운드 크랩스 (Round Craps)	게임참가자 중에서 주사위를 던지는 사람을 선정한 후 주사위를 3개 던져서 나타나는 주사위 숫자 합 또는 조합이 참가자가 미리 선정한 숫자나 조합과 일치하는지 여부에 따라 승패를 결정하는 방식의 게임
트란타 콰란타 (Trent Et Quarante)	딜러가 양편으로 구분되는 참가자에게 각각 카드를 분배한 후 양측 중 카드 숫자 합이 30에 가까운 측을 승자로 결정하는 방식의 게임
프렌치 볼 (French Boule)	딜러가 일정한 숫자가 표시된 홈이 파인 고정판에 공을 굴린 후 공이 정지되는 홈의 숫자를 알아맞추는 참가자에게 소정의 당첨금을 지불하는 방식의 게임
차카락 (Chuck-A-Luck)	딜러가 주사위를 특정한 용구에 넣고 흔들어 나타난 숫자를 알아맞춘 참가자에게 소정의 당첨금을 지불하는 방식의 게임
빙고 (Bingo)	가로 · 세로 5개씩 25개의 말을 가진 네모판을 만들어 한가운데 말을 제외한 나머지 24개 속에 1~75까지의 숫자를 적어 놓은 박스에 둘러 앉아 그 안에 공(球)이나 화살을 던져 공개적으로 숫자를 고르면 그 숫자와 같은 숫자를 자신의 카드에서 뽑아낸다. 이 게임은 세로 · 가로 또는 사선으로 한 줄에 5개 숫자를 남보다 먼저 뽑아낸 사람이 이기는 게임
마작 (Mahjong)	4명의 대국자가 136개의 파이(牌)를 여러 모양으로 짝짓기를 하여 승패를 겨루는 실내 게임
슬롯머신 (Slot Machine)	동전이나 그 대용품을 사용하는 상자형의 자동도박기로서 참가자가 동전투입구에 동전을 넣고 손잡이로 이것을 회전시키다가 정지시켰을 때, 이 그림이 소정의 짝으로 맞으면 몇 배의 동전이 나오는 게임
비디오게임 (Video Game)	마이크로칩과 컴퓨터기술을 결합하여 스크린 위에서 하는 게임
카지노 워 (Casino War)	플레이어의 카드가 딜러의 카드보다 높으면 플레이어가 승리하고 베팅한 금액만큼 받는다. 반대로 딜러의 카드가 높으면 플레이어는 돈을 잃게 된다. 만약 플레이어와 딜러의 카드값이 같으면 플레이어가 베팅한 금액의 반을 잃거나 다시 한번 더 카드를 받을 수 있는 'War'를 선택할 수 있는 게임

2) 카지노업의 국내 운영현황

우리나라는 관광산업 진흥정책의 일환으로 카지노가 도입되어 운영되고 있다.

국내 카지노업의 현황을 보면 2022년 12월 기준으로 전국에 외국인 전용 카지노 16개소, 내국인이 입장 가능한 강원랜드카지노 1개소를 포함하여 총 17개의 카지노 업체가 운영되고 있다.

지역별로는 서울 3개소, 부산 2개소, 인천 1개소, 강원 2개소, 대구 1개소, 제주 8개소에 분포되어 있다. 이 중 직영으로 운영되는 곳은 3개소, 임대로 운영되는 곳은 14개소이고, 컨벤션센터에 소재한 1개소를 제외한 16개소가 모두 5성 등급의 호텔에서 운영되고 있다.

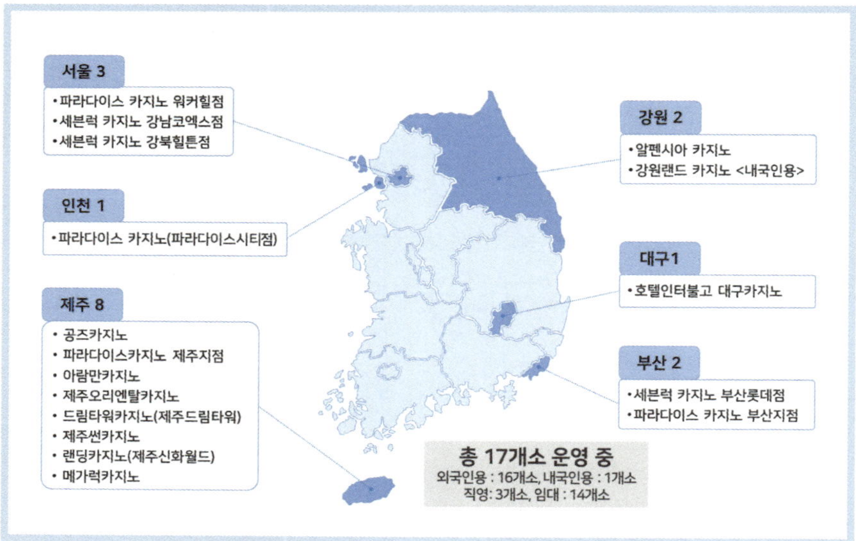

[그림 10-1] 국내 카지노업체 운영현황(2022년 12월 기준)

〈표 10-2〉 국내 카지노업체 운영현황

지역	업체명 (법인명)	이용대상	운영형태	호텔등급	허가연도
서울	파라다이스카지노 워커힐점 (주)파라다이스	외국인	임대	5성	1968
	세븐럭카지노 강남코엑스점 그랜드코리아레저(주)	외국인	임대	컨벤션	2005
	세븐럭카지노 강북힐튼점 그랜드코리아레저(주)	외국인	임대	5성	2005
부산	세븐럭카지노 부산롯데점 그랜드코리아레저(주)	외국인	임대	5성	2005
	파라다이스카지노 부산지점 (주)파라다이스	외국인	임대	5성	1978
인천	파라다이스카지노(파라다이스시티) (주)파라다이스세가사미	외국인	직영	5성	1967
강원	알펜시아카지노 (주)지바스	외국인	임대	5성	1980
대구	호텔인터불고대구카지노 (주)골든크라운	외국인	임대	5성	1979
제주	공즈카지노 길상창휘(유)	외국인	임대	5성	1975
	파라다이스카지노 제주지점 (주)파라다이스	외국인	임대	5성	1990
	아람만카지노 (주)청해	외국인	임대	5성	1991
	제주오리엔탈카지노 (주)건하	외국인	임대	5성	1990
	드림타워카지노(제주드림타워) (주)엘티엔터테인먼트	외국인	임대	5성	1985
	제주썬카지노 (주)지앤엘	외국인	직영	5성	1990
	랜딩카지노(제주신화월드) 람정엔터테인먼트코리아(주)	외국인	임대	5성	1990
	메가럭카지노 (주)메가럭	외국인	임대	5성	1995
강원	강원랜드카지노 (주)강원랜드	내국인	직영	5성	2000

주 : 총 17개 영업장(외국인용 : 16개소, 내국인용 : 1개소), 직영: 3개소, 임대 : 14개소.
출처 : 문화체육관광부(2022), 카지노 현황.

3 카지노업의 특성

카지노업의 특성은 긍정적 특성과 부정적 특성으로 정리할 수 있다.

1) 카지노업의 긍정적 특성

첫째, 카지노업의 기본적인 기능의 하나로 게임장소의 제공과 오락시설을 제공하면서 관광자원의 역할을 한다. 특히 카지노업은 실내공간에서 행해지는 여가활동으로 악천후일 때 옥외관광상품의 대체상품으로서 거의 한계가 없으며 24시간 영업함으로써 야간관광상품으로도 이용될 수 있다. 자연관광자원의 기후에 대한 한계성을 극복할 수 있는 좋은 대체관광자원의 역할을 한다.

둘째, 카지노산업은 일정한 시설을 갖추고 대다수의 게임이 종사원에 의해 진행되는 인적 서비스 상품인 동시에 노동집약적 사업으로, 연중무휴 영업하여 타 산업에 비해 종사원 고용창출효과가 높다.

셋째, 카지노로 인한 외화수입은 우리나라 경제에 투입되어 직 · 간접적으로 연관산업에 대한 생산 및 부가가치 창출효과, 지역주민에 대한 소득 및 고용 창출효과, 중앙 및 지방자치단체에 대한 재정수입 창출효과 등 다양한 경제적 파급효과를 발생시킨다. 또한 카지노업의 매출액 증대로 인한 외화가득효과 · 고용효과 · 소득효과 · 부가가치효과는 매우 높은 반면, 수입의존도는 타 산업에 비해 매우 낮다.

넷째, 카지노 이용으로 인한 관광객의 체재기간을 연장시키면서 1인당 체재비용을 증가시킬 수 있고 특히 외국인 관광객의 관광 소비 지출을 증가시켜 외화획득과 지역경제 활성화에 기여할 수 있다.

다섯째, 카지노 이용 고객은 게임을 목적으로 방문하며 주로 카지노 내의 호텔에 머물면서 카지노 시설뿐만 아니라 객실, 식음료, 부대시설 등을 이용하기 때문에 일반관광객보다 호텔의 영업매출액 향상에의 기여도가 높다.

2) 카지노업의 부정적 특성

카지노업은 사회적 부작용을 일으키는 양면성이 있다.

첫째, 카지노 게임을 단순한 오락이나 여가활동이 아닌 경제적 부를 획득하기 위한 수단으로 여기는 경우 도박중독으로 이어질 수 있고 과도한 게임비 지출, 심각한 금전문제, 가정파탄, 불법행위, 범죄 등을 발생시킬 수 있다. 또한 불법자금 유입, 탈세 등 부정부패의 수단으로 악용될 수도 있다.

둘째, 사회에 사행심리가 만연하고 도박 중독자가 많을 경우 경제생산성 하락, 세수입 감소, 인적 자본투자 동기저하 등의 부작용을 유발함에 따라 성장잠재력을 약화시키고 전체적으로 고용이 감소하는 결과를 초래할 우려가 높다. 또한 사회 소득 · 분배 · 복지의 양극화를 심화시킬 수 있다.

셋째, 사행산업의 합법화에 따른 부작용을 막기 위한 사회적 비용이 증대된다. 예를 들어 도박중독자 및 예방 프로그램의 개발, 사행기업 관리 · 감독비용, 범죄자 교정 및 예방 시스템 구축비용 등이 이에 해당된다.

4 카지노업의 운영조직과 주요 직무

1) 카지노업의 운영조직

카지노업의 조직은 일반적으로 이사회, 카지노 총지배인, 영업 부문, 안전관리 부문, 머신관리 부분, 출납 및 환전 부문, 고객서비스 부문 등으로 업장 특성에 맞게 구성된다.

카지노업장의 인적 관리책임체계는 최고경영자로서 카지노지배인 그리고 카지노지배인 아래 영업특성에 따라 크게 슬롯(Slot)지배인과 카지노 호스트(Casino Host)로 분류되며, 다시 하부에는 업장지배인과 보조 인력으로 구성된다.

영업 부문은 카지노영업장 내의 각 게임 테이블에 배치되는 인력과 해당영업장의 모든 시설 · 운영을 관리하는 인력으로 구성된다.

카지노관리직의 기본 책임 업무는 게임감독, 영업수익(Bank Roll)보호, 고객유치, 신용도 부여권한, 고용원교육 · 훈련 등이 있다.

2) 카지노업의 주요 직무

카지노업의 직무는 기업의 규모 및 운영 형태에 따라 다를 수 있으나 일반적으로 영업 부문(시프트 매니저, 피트 보스, 플로어 퍼슨, 딜러, 식음료), 안전관리 부문(모니터 요원, 보안 요원), 머신 부문(머신 어텐던트, 메카닉), 출납 및 환전 부문(환전 테이커, 환전 캐셔), 고객서비스 부분(호스트, 판촉 매니저, 안내 데스크) 등으로 구분된다.

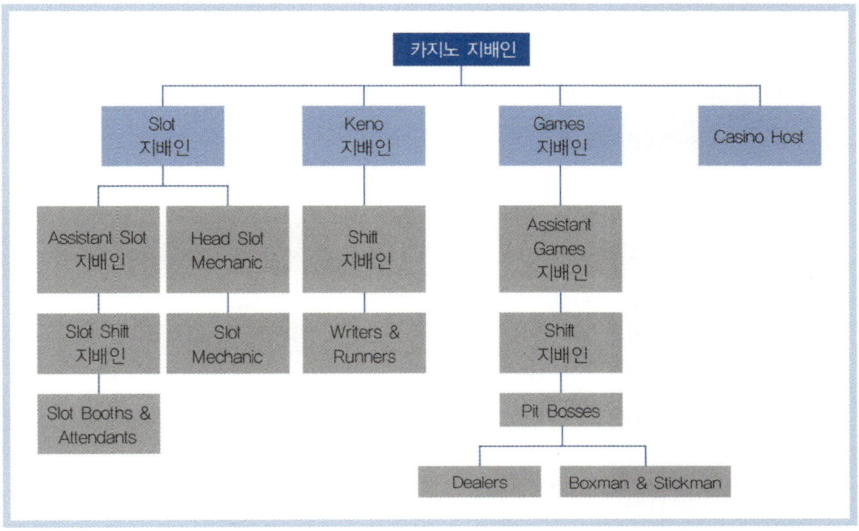

[그림 10-2] 카지노지배인 인적 관리책임도

(1) 카지노 총지배인(General Manager)

카지노 총지배인은 영업장 내의 게임운영 총괄, 카지노영업장 내의 시설과 기구의 관리·감독·영업준칙 준수의 지도·감독, 카지노고객 유치와 관련된 직무를 수행한다.

(2) 영업 부문

① 시프트 매니저(Shift Manager)

시프트 매니저는 카지노지배인 감독하에서 해당 시프트의 모든 테이블 및 각 피트 보스를 관리한다. 해당 근무시간에 대한 인력관리와 게임운영에 대한 책임을 지며, 키노나 다른 매장에서 손님이 큰 액수에 당첨되었을 경우 그 액수를 지불하는 역할을 한다.

② 피트 보스(Pit Boss)

피트 보스는 시프트 보스 감독하에 카지노 구역 중 하나의 운영을 책임지며 플로어 퍼슨을 감독한다. 주로 자기 구역 내의 게임들을 감독하며, 할당된 구역에서만 권한을 가진다. 주 역할은 카지노 업장의 2차 감독자로서 모든 테이블 게임의 룰에 대하여 완벽하게 숙지해야 하며, 딜러들과 고객들을 관리하는 능력을 갖추고 있어야 한다. 예를 들어 딜러가 고객에게 고의로 져주거나 칩을 바꾸어주고 전달할 때 계산을 잘못하는 경우가 있는지 등의 딜러들의 실수(Dealer Miss)를 감독한다. 또한 객장에서 소란을 피우거나 게임을 방해하는 고객이 있는 경우 신속히 처리하고 방문하는 모든 고객의 불만을 해결할 수 있어야 하므로 능숙한 외국어 실력과 의사소통 능력을 갖추고 있어야 한다.

③ 플로어 퍼슨(Floor Person)

플로어 퍼슨은 딜러를 관리하는 동시에 고객을 응대하며, 테이블 손익을 관리한다. 우리나라에서는 일반적으로 딜러에서 승진하여 플로어 퍼슨이 되며 이후 피트 보스로 승진하게 된다.

④ 딜러(Dealer)

카지노 딜러는 테이블 게임(바카라, 룰렛, 블랙잭 등)을 이용하는 손님을 대상으로 게임을 진행하는 역할을 한다. 테이블 게임의 원활한 진행을 위해 게임규칙을 완벽하게 숙지하고 카드(Card)와 칩(Chip)을 능숙하게 다루어야 하며, 게임진행 시 신속하고 정확하게 딜링(Dealing) 동작을 해야 한다. 카지노 딜러는 항상 큰 액수의 금액을 취급하기 때문에 정직하고 침착하게 게임에 임해야 한다.

(3) 안전관리 부문

① 모니터 요원(Monitor)

영업장 내부의 CCTV를 감시하면서 부정행위, 딜러의 실수, 영업장 도난사고 등이 발생하였을 때 절차에 따라 신속히 조치한다.

② 보안요원(Security Guards)

업장 내의 안전유지 및 외부인의 통제, 카지노 재산을 보호하는 역할을 한다. 또한 카지노 내부에서 관련 종사원이 칩을 운반할 때 경호업무도 담당한다.

(4) 머신관리 부문

① 머신 어텐던트(Attendant)

머신 게임의 운영과 관리 그리고 고객 지불금 처리 및 응대를 담당한다.

② 메카닉(Mechanic)

머신 게임기기들을 정비하는 업무를 담당한다.

(5) 출납 및 환전 부문

① 환전 테이커(Taker)

테이블 게임의 금고를 회수 및 계산하는 업무를 담당한다.

② 환전 캐셔(Cashier)

칩과 현금을 교환해주는 환전업무를 담당한다.

(6) 고객서비스 부문

① 호스트(Host)

카지노를 처음 방문한 고객에게 카지노 게임을 즐길 수 있도록 카지노 게임 룰을 설명 등의 업무를 수행한다.

② 판촉 매니저(Sales Manager)

업장 매출을 높일 수 있도록 VIP 고객 관리, 행사 기획 및 진행 등의 업무를 수행한다.

③ 안내 데스크(Information Desk)

카지노 출입 고객의 신분증 확인, 입장권 판매 및 입장료 수납, 고객 물품 보관 등을 담당한다.

〈표 10-3〉 카지노업의 조직과 주요 직무

조직	직무
이사회	• 이사회는 다음의 자격을 갖춘 이사 1인이 포함되어야 함 – 카지노업을 운영하는 법인의 등기임원 2년 이상인 자 – 카지노업 근무경력이 10년 이상인 자 – 관광행정에 4년 이상 근무한 자로서 카지노정책을 1년 이상 담당한 자 • 이사회는 카지노 영업활동과 내부통제에 대한 최종적인 권한과 책임을 진 자
카지노 총지배인	• 영업장 내의 게임운영 총괄, 카지노영업장 내의 시설과 기구의 관리 · 감독 • 영업준칙 준수의 지도 · 감독, 카지노고객 유치와 관련 • 콤프, 크레딧, 알선수수료와 예약게임의 기준설정
영업 부문	• 딜러 : 1테이블당 1명 이상(메인 바카라는 테이블당 3명 이상) 게임 테이블에 배치되어 직접 고객을 상대로 게임을 진행하며, 동시에 2테이블 이상의 게임을 진행할 수 없다. • 플로어 퍼슨 : 6테이블당 1명 이상(메인 바카라는 2테이블당 3명 이상) 각 게임 테이블에서 이루어지는 행위를 1차 감독한다. • 피트 보스 : 24테이블당 1명 이상, 각 게임을 진행할 수 없다. • 시프트 매니저 : 3명 이상 담당 근무시간 동안 카지노영업장에서 발생하는 모든 영업행위를 감독한다.
안전관리 부문	• 내국인 출입통제 및 영업장의 질서유지, 고객 및 종사원의 안전, 폐쇄회로시설 운영 및 관리 • 카지노사업자가 50대의 테이블을 초과하여 운영할 경우에는 독립된 폐쇄회로시설 담당부서를 두어야 한다.
머신관리 부분	• 머신 어텐던트 : 머신 게임의 운영 및 관리, 고객 지불금 처리 및 응대를 담당한다. • 메카닉 : 머신 게임기기들을 정비하는 업무를 담당한다.
출납 및 환전 부문	• 카지노사업자는 출납부서의 조직(직원)을 칩스관리, 카운트 룸 운영, 기타 출납관련 업무별로 분리하여 운영하는 것을 원칙으로 한다. • 환전창구 · 부스 · 카운터 룸 운영, 고객 환전 및 재환전, 드롭박스 수거 및 매출액 확장, 환율 산출 등 • 환전 테이커(taker) : 테이블 게임의 금고를 회수 및 계산한다. • 환전 캐셔(cashier) : 칩과 현금을 교환한다.
고객 서비스 부분	• 카지노 고객 정보 관리 총괄, VIP고객 관리, 행사 지원, 대관업무 등의 업무 • 고객 접대 및 응대 업무, 카지노 입장권 판매 및 수납, 고객 물품보관 및 분실물 관리, 고객 관리 등의 업무를 진행함

제 11 장 테마파크업

1 테마파크의 개념

테마파크(Theme Park)란 특정한 테마를 설정하여 이에 따른 환경과 분위기를 연출하기 위해 시설 · 이벤트 등의 소재를 이용하여 테마에 따른 전체를 구성하고 운영하는 비일상적인 레저시설이다.

테마파크는 일상생활에서 벗어나 특별하게 연출된 환경과 분위기 속에서 운영되어 이용객들에게 감동 및 즐거움을 제공하는 놀이 공원(Amusement Park) 시설물들로 구성된 형태의 복합적 여가문화공간의 역할을 하고 있다.

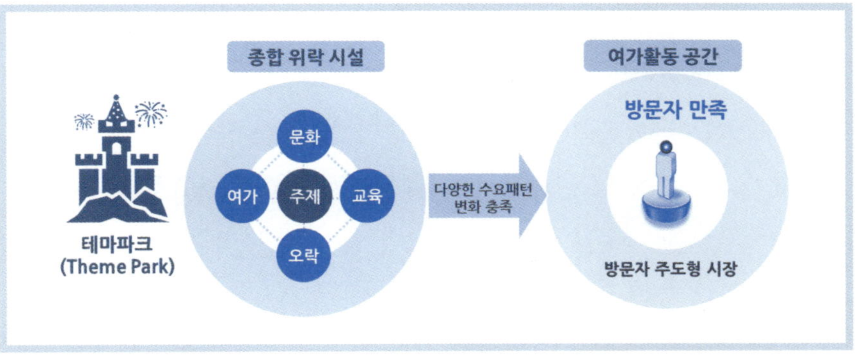

[그림 11-1] 테마파크의 개념

우리나라의 관광진흥법에서 유원시설업(遊園施設業)은 유기시설(遊技施設)이나 유기기구(遊技機具)를 갖추어 이를 관광객에게 이용하게 하는 업(관광진흥법 제3조 1항 6호)으로 규정하고 있다. 또한 유기시설이나 유기기구를 갖추어 관광객에게 이용하게 하는 업으로서 대규모의 대지 또는 실내에서 법 제33조에 따른 안전성검사 대상 유기시설 또는 유기기구 여섯 종류 이상을 설치하여 운영하는 종합유원시설업과 한 종류 이상을 설치하여 운영하는 일반유원시설업, 그리고 안전성검사 대상이 아닌 유기시설 또는 유기기구를 설치하여 운영하는 기타유원시설업으로 분류하고 있다(동법시행령 제2조 제1항 제5호).

대다수의 테마파크업은 종합유원시설업과 일반유원시설업에 해당된다고 볼 수 있다.

2 테마파크의 분류

1) 공간별 분류

테마파크는 테마파크의 공간적 특성에 따라 분류해 볼 수 있다.

파크가 위치하고 있는 공간적 특성과 테마에 따라 자연공간 테마형인 동물원 · 수족관 · 바이오파크, 도시공간 테마형인 외국촌 · 역사촌 · 사이언스파크로 구분할 수 있다.

파크가 위치하고 있는 공간적 특성과 활동에 따라 자연공간 활동형인 바다 · 고원 · 온천파크, 도시공간 활동형인 도시 리조트형 파크와 어뮤즈먼트 파크 및 워터파크 등으로 분류가 가능하다.

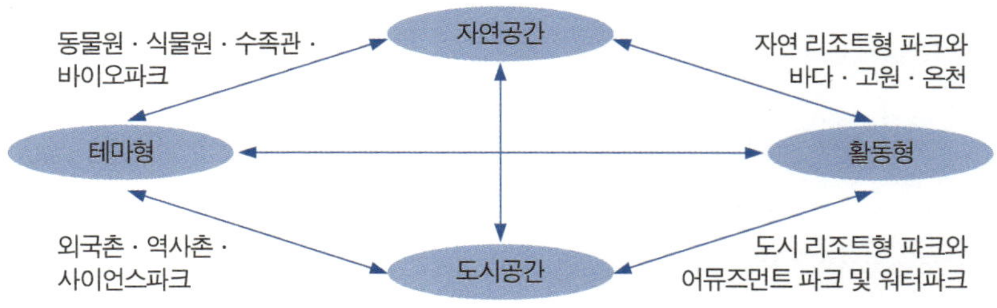

출처 : 국제산업정보연구소(1991), p. 19.

[그림 11-2] 테마파크의 공간 분류

2) 개념별 주제와 내용에 따른 분류

테마파크는 상상의 세계(Imaginations), 미래과학(Future & Science), 친환경(Nature & Life), 문화(Culture), 교육과 예술(Education & Art)의 개념으로 분류할 수 있다.

개념별 세부 주제(테마)를 살펴보면 상상의 세계를 다룬 테마파크에서는 꿈, 환상, 오락, 영화, 동화, 만화, 캐릭터, 신화, 전설, 미니어처, 서커스 등을 중심으로 테마파크를 연출한다.

미래과학 테마파크에서는 교통, 우주, 미래, 통신, 바이오, 게임 등을 세부 테마로 하며, 친환경 테마파크에서는 동물, 식물, 곤충, 바다, 물고기, 자연, 물, 불 등 자연적 소재를 중심으로 연출한다.

문화 테마파크에서는 건축, 풍속, 구조물, 민속 등 문화적 소재를 중심으로 하며, 교육과 예술 테마파크에서는 과학, 문화, 예술, 전설, 역사, 인물 등을 중심으로 테마파크를 연출한다.

〈표 11-1〉 테마파크의 개념별 주제와 내용에 따른 분류

개념	테마	내용	사례
상상의 세계 (Imaginations)	꿈, 환상	상상의 세계를 현실로	Disneyland
	오락	각종 오락형태	롯데월드, Disney World
	영화	2D의 세계를 3D 현실로	Universal Studios, Mgm Studios
	동화, 만화	동화의 세계	환타지랜드
	캐릭터	다양한 캐릭터	Sanrio Puroland, Harmonyland
	신화, 전설	신화재연, 간접체험	Sanrio Puroland, Legend Of Goal
	미니어처	각종 모형	Tobu World Square
	서커스	광대, 아크로바트	Circus Circus Hotel
미래과학 (Future & Science)	교통	교통의 발전, 도로, 교량	Harbour Bridge
	우주	우주여행, 행성	Spaceworld
	미래	로봇, 미래의 기술	Star Trek
	통신	통신의 발전 · 전파	Spaceship Earth
	바이오	신물질, 기초과학	Future World
	게임	디지털, 가상현실	Disney Quest, Joypolis, Gameworks
친환경 (Nature & Life)	동물	야생동물, 애완동물 등	Animal Kingdom
	식물	꽃, 나무, 식물 등	Tivoli Gardens
	곤충	곤충	일본 아타미시 곤충관
	바다, 물고기	해양생물, 바닷속 세상	Seaworld, Ocean Park
	자연	산, 정글, 사막, 온천	Discovery World
	물	폭포, 강, 바다, 호수	Typhoon Lagoon, Blizzard Beach
	불	화산, 화재	백트래프트, Mirage Volcano Show
문화 (Culture)	건축, 풍속	건축물, 상징물, 풍속별	Huis Ten Bosch
	구조물	기념비적 구조물 등	Millennium Dome
	민속	문화, 건물, 상황재현	한국민속촌, Knott's Berry Farm
교육과 예술 (Education & Art)	과학	과학기술, 이론, 학습	Expo 과학공원
	문화	각종 문화체험	Epcot World Showcase
	예술	음악 · 미술 · 조각 · 특정 예술관련	Park Guell
	전설, 역사	각국의 역사, 각종 역사	Frontierland
	인물	특정인물 · 위인 · 정치가 등	America Adventure
	교육	각종 모형, 체험	Legoland

출처 : www.temansa.com

3 테마파크의 특성

1) 본질적 특성

(1) 테마성

하나의 중심적인 주제(Main Theme) 또는 연속성을 지니는 여러 개의 테마들이 연합으로 구성되는 특성을 테마성이라 하며, 테마파크의 핵심 요소이다.

테마파크의 주제는 일반적으로 역사 · 지리 · 환경 · 사회 · 민족 · 과학 · 산업 · 향수 · 미래 등으로 방문객들을 일상의 반복과 지루함에서 벗어나 새로운 세계로 이끌어주는 것들이며, 테마파크의 시설 · 공연 · 이벤트 등을 통하여 구현된다.

대표적 테마파크로는 Disneyland, Disney Sea, Everland, Lotteworld, Seoulland, Huis Ten Bosch 등이 있다.

▲ Walt Disney

▲ Disneyland

(2) 비일상성

테마파크는 하나의 독립된 완전한 공상세계로서 비일상적인 종합적 문화공간이다. 테마파크의 방문객들은 테마에 의해 연출된 비일상적 공간에서 비일상적인 사고와 행동을 통해 감동과 즐거움 등을 경험한다. 현실과의 차단이 얼마나 효과적으로 이루어지느냐에 따라 그 성패가 좌우된다. 대표적 테마파크로는 Universal Studios, Huis Ten Bosch, Spaceworld, Nikko Edo Wonderland 등이 있다.

(3) 통일성

테마파크는 주제를 부각하기 위해서 건축양식이나 조경, 위락시설, 캐릭터, 종사원의 복장 · 서비스 등 모든 상품 요소에 테마에 맞는 통일된 공간연출의 이미지를 방문객에게 전달해 주어야 한다. 이를 위해서는 전문가들의 수준 높은 설계와 마케팅전략, 운영 및 시설관리, 고객관리, 위기관리, 서비스 등의 모든 요소가 균형과 조화를 이루어야 한다.

대표적 테마파크로는 Disneyland, Sanrio Puroland 등이 있다.

▲ Disneyland Resort Hongkong

(4) 배타성

비일상적인 가상·허구의 공간인 테마파크의 특정 테마설정에 따라 현실과의 차단을 통해 체험하게 되는 특성으로 테마의 매력성·진기성·차별성을 위해서 폐쇄적 공간의 연출이 매우 중요하다.

배타성의 유지를 위해 넓은 공간, 독창적 시설, 충분한 인력이 요구되며, 기획 프로그램과 디자인 및 음악 등의 서비스가 결합되어 통일된 전체 이미지를 표현해야 한다.

대표적 테마파크로는 Disneyland, Disney Sea, Everland, Lotteworld 등이 있다.

▲ Tokyo Disney Sea

(5) 레저성

창조적 유희공간으로서 체험·탑승·놀이시설뿐만 아니라 오락·쇼·이벤트·축제 등의 문화적 경험과 쇼핑·레스토랑 등의 공간을 통해 방문객에게 다양한 레저(여가)공간을 제공한다.

대표적 테마파크로는 Disneyland, Disney Sea, Everland, Lotteworld 등이 있다.

(6) 독창성

테마파크는 주제의 내용에 따라 지역적 특성이나 주제의 독창성이 표현되어야 하고, 이는 다른 레저공간과 차별화할 수 있는 중요한 요소이다.

대표적 테마파크로는 한국민속촌, SeaWorld California, Knott's Berry Farm 등이 있다.

(7) 종합성

테마파크는 메인 테마를 중심으로 다양한 테마들이 통일성을 유지하여 놀이 · 휴양 · 체험 · 교육 · 문화 등을 종합적으로 즐기는 복합 리조트형 어뮤즈먼트 파크이다. 이러한 테마파크들은 규모의 경제를 도모하고 이용객들의 다양한 선호에 따라 대형화 · 체인화되는 추세이다.

대표적 테마파크로는 Disneyland, Disney Sea, Universal Studios, Everland, Lotteworld, Seoulland, Huis Ten Bosch 등이 있다.

▲ Disneyland

▲ Universal Studios

▲ Huis Ten Bosch

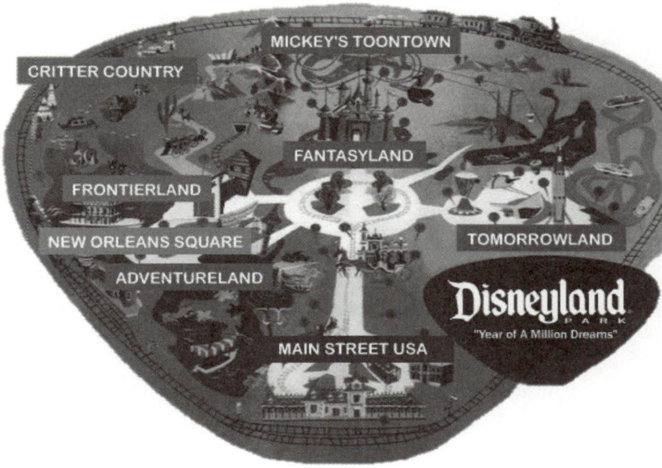

▲ Disneyland Map

2) 사업적 특성

테마파크사업은 계절변동성이 높고 기후의 영향을 많이 받는 1차 산업적인 특성을 갖고 있으며 초기 투자비용, 시설유지비 및 추가투자비가 막대하다는 점에서 장치산업적 요소가 있는 2차 산업적 특성을 갖고 있다. 개장 후에는 많은 인력이 필요하여 인건비의 비중이 높아 고정비 부담이 큰 3차 산업적인 성격도 있다. 즉 테마파크사업은 1차 · 2차 · 3차 산업의 특성을 모두 지닌 복합적 종합관광사업이다.

테마파크의 채산성을 확보하기 위해서는 입장객을 많이 끌어들일 수 있어야 한다. 입장객 수는 파크의 입지 · 규모 · 시설 · 서비스 등 여러 가지 요소에 의해 결정된다. 아무리 입지가 좋다 해도 시설과 서비스가 매력적이지 못하면 집객력은 낮을 수밖에 없다. 반대로 시설과 서비스가 아무리 매력적이고 대규모라 할지라도 입지가 나쁘면 집객력은 떨어진다. 특히 입장객 수를 지속적으로 확보하기 위해서는 추가적인 설비 투자가 필수적이다.

(1) 입지의존 · 자연환경 · 계절에 민감한 사업

테마파크사업은 입지조건에 크게 좌우되는 사업으로 초기의 입지선정이 개장 후의 사업수익에 큰 영향을 미친다. 테마파크의 입지는 대도시중심형 · 근교형 · 리조트형 등으로 분포되며 용지의 취득비용, 파크의 교통여건, 장래의 주변환경 변화, 인프라(Infra) 확충 정도에 따라 파크의 사업주체의 비용부담은 크게 달라진다. 또한 테마파크는 실내형과 실외형 테마파크로 구분되는데, 대부분 실외형이 많아 기후와 계절의 변화에 따른 성수기와 비수기가 뚜렷하여 요일 · 시간대 · 이벤트 및 단체방문객 유치 등의 전략이 매우 중요하다.

테마파크는 연중 영업이 가능하고, 입장객 수의 편차가 적어야 경영에 유리하므로 자연환경적 극복을 위해 겨울철에도 기후가 양호한 지역에 건설하거나 실내형과 실외형을 적절하게 조화시키는 복합형 테마파크 형태로 개발되고 있다.

(2) 자본집약적 장기간 개발사업

테마파크는 자본집약적인 일종의 장치산업으로 초기투자가 막대하고, 그에 따른 고도의 기술 및 전문화된 인력 등이 필요할 뿐만 아니라, 장기간의 개발기간이 필요하다. 개장 후에도 지속적으로 고객들을 유치하기 위해서는 추가적인 시설도입, 유지 보수 등으로 인한 비용의 추가 증가는 경영을 악화시킬 수 있는 요소들이다. 이처럼 테마파크사업은 막대한 자금이 지속적으로 소요되기 때문에 자금동원력이 뛰어난 대기업이 아니면 운영하기 어려운 사업이다.

(3) 트렌드에 민감한 감성사업

테마파크의 영업에 있어서는 고객유인시설과 같은 하드웨어적인 부문이 중요하지만 테마파크의 다양한 어트랙션(Attraction)은 점차 라이프사이클이 짧아지고 있어 공연·이벤트·전시 등의 소프트웨어적인 부문도 그 중요성이 강조되고 있다. 트렌드에 민감하고 다양한 욕구를 가지고 있는 방문객을 만족시키기 위해서는 마케팅차원의 하드웨어적 부문과 소프트웨어적 부문 모두 탄력적인 대응이 필요하다.

(4) 인적 서비스의존도가 높은 사업

테마파크는 운영과 관리에 많은 인원이 필요한 인적 서비스의존도가 높은 사업이다. 따라서 인건비의 비율이 높기 때문에 성·비수기에 따라 인력을 탄력적으로 운영하는 등 효율적인 인력 관리가 중요한 사업이다.

(5) 방문객의 소비원천 사업

고객이 지출하는 객단가는 테마파크 내의 체류시간에 비례하므로 고객들이 테마파크 내에 오래 머무르게 하는 것이 중요하다. 그러므로 고객을 유인할 수 있는 시설의 종류와 배치 및 동선은 신중을 기해야 한다. 테마파크의 입장권·시설이용료 등의 기본수익 외에 테마파크 내에서의 식음료·상품판매시설은 객단가를 높이는 데 있어 매우 중요하다.

3) 환경적 특성

급변하는 테마파크 환경변화에 따른 관광시장의 예측은 테마파크 경영에 있어 필수적인 요소이다. 또한 과학첨단기술의 실용화와 멀티미디어 활용의 접목을 통하여 미래의 환경변화에 적극적으로 대응하고, 타 산업과의 제휴와 접목을 통하여 새로운 테마의 연출이 요구되고 있다.

테마파크의 환경적 특성은 시장환경과 기술 및 경영환경의 변화 그리고 트렌드가 매우 빠르게 응용되는 사업특성을 가지고 있다.

(1) 관광인식 변화에 따른 테마의 다양화

테마파크는 단순히 즐기는 오락중심의 장소에서 교육 및 문화적인 면을 추구하는 공간으로의 관광인식 변화에 따라 이를 충족시키는 다양한 테마 프로그램의 개발이 요구된다.

(2) 첨단기술을 접목한 테마파크

IT산업 · 하이테크산업 · 첨단영화산업 · 우주산업 및 멀티 미디어산업의

▲ 첨단기술이 접목된 Disneyland와 Universal Studios의 어트랙션

발달은 테마파크 개발에 접목되어 관광객들에게 볼거리와 즐거움을 선사한다.

(3) 테마파크의 대형화와 지역특화

테마파크의 규모는 국가의 경제적 규모가 커질수록, 국민생활의 여가활동수준이 높아질수록 대형화하고 있으며, 지방정부의 주도로 지역경제 활성화를 위해 지역특성과 자원을 활용한 단일주제성격의 테마파크 개발이 추진되고 있다.

(4) 테마파크경영의 고도화 · 다각화

세계적 테마파크기업들은 테마파크의 경영기술과 노하우를 해외에 수출하여 외화획득을 하고 있으며, 엔터테인먼트기업으로의 사업다각화 및 다양한 분야의 사업제휴를 통해 기업의 이익을 극대화하고 시너지효과를 높여가고 있다.

(5) 가족단위 시장중심의 휴양체재형 테마파크 개발

고령화사회로 변화함에 따라 온 가족이 공유할 수 있는 복합적 오락기능의 레저시설과 다양한 프로그램을 갖춘 가족 레저활동공간의 중요성이 커지고 있다. 따라서 테마파크는 가족단위 시장중심의 휴양체재형으로 개발되고 있다.

제 12 장 관광교통업

1 관광교통업의 개요

1) 관광교통업의 개념

교통수단의 발달은 여행객들이 여행목적지까지 이동하는 시간을 단축시키고 소요되는 비용을 값싸게 만들어 관광의 대중화를 실현시키면서 관광사업분야의 중심적 역할을 하고 있다.

관광사업으로서 관광교통업은 여행자의 관광활동에서 이동수단으로서 필수적 요소인 동시에, 교통시설은 여행자의 관광경험과정에서도 중요한 매력대상이 되고 있다. 2층버스 · 리조트열차 · 모노레일 · 증기기관차 · 케이블카 · 크루즈 등과 같이 특정구역에서 운행하는 교통수단은 진기성 · 희소성 · 호화성 · 쾌적성 등을 갖추고 교통수단 그 자체를 관광자원화하고 있다.

이처럼 관광자원화된 교통수단을 관광교통시설이라 하며, 관광교통업은 자동차 · 철도 · 선박 · 항공기 등의 교통수단을 이용하여 여행자 또는 재화를 장소적으로 이동시켜 주는 교통 서비스를 상품화하여 판매하고, 그 이윤을 추구하는 공적 · 사적 기업이라고 할 수 있다.

따라서 관광교통업이란 "여행자가 일상생활을 떠나 매력있는 관광자원을 찾아가는 과정에서 반드시 필요한 교통기관과 서비스를 제공하여 경제적 · 사회적 · 문화적 이익을 창출하는 관광매체사업"이라고 정의할 수 있다.

2) 관광교통업의 구성요소

관광교통의 구성요소는 관광교통주체, 관광교통수단, 관광교통시설, 운임, 관광 서비스 등의 5가지로 구성될 수 있다.

(1) 관광교통주체

관광교통의 주체인 관광객(tourist)은 관광의 주체이기도 하면서 관광교통시장의 수요를 창출하는 수요시장이다.

(2) 관광교통수단

관광객을 관광목적지까지 실어 나르는 기구로서 일반교통수단인 자동차 · 열차 · 선박 · 항공기는 물론, 오토캠핑카, 렌터카, 관광버스(전세버스), 관광열차, 리조트열차, 크루즈, 헬기 등이 대표적인 운반구이다.

(3) 관광교통시설

관광교통수단이 이용하는 도로 · 철도 · 해로 · 항로 등의 교통로와 교통로의 터미널인 공항 · 항만 · 역 등뿐만 아니라, 관광주차장 · 오토캠핑장 · 마리나 · 헬기투어장과 같은 관광교통시설이 이에 해당된다.

(4) 운임

관광교통수단의 운임은 일반운임과는 달리 관광 패키지상품에 적용된 포괄요금의 형태와 시간 · 장소 · 계절에 따라 탄력적으로 적용되는 운임체계를 가진 것이 특징이다.

(5) 관광 서비스

관광교통업은 일반교통업과 달리 인적·물적 서비스가 상품화되어 그 가치를 부여받고 있으며, 서비스의 양과 질에 따라 관광교통수단에 대한 가치평가는 물론, 관광상품의 전반적인 가치에도 큰 영향을 준다.

2 관광교통업의 특성

1) 생산과 소비의 동시성

일반적 재화와는 달리 관광교통 서비스는 관광객이 관광교통기관을 직접 찾아가는 형태로 생산과 소비가 동시에 이루어지며, 다른 용도로 사용할 수 있는 시간을 소비하게 되므로 시간의 가치성을 중요시한다. 일반교통 및 관광교통업에서 제공되는 서비스는 신속성과 쾌적성 및 교통체계의 연계성 등이 각각 상이한 특성을 가지고 있다. 따라서 대부분의 관광객은 쾌적하고 안락하며 환승횟수 및 이동시간이 짧은 관광교통수단을 선호한다.

2) 수요의 편재성

관광교통은 출·퇴근 등과 같은 별도의 목적으로 교통수단을 이용하는 파생수요와는 달리 관광 자체를 순수목적으로 하는 관광수요이기 때문에 사회적·경제적 조건 및 계절적 조건에 따라 수요의 탄력성이 매우 크다.

관광교통업에서 제공되는 서비스는 재고불가능한 서비스라는 특성상

시간적 · 계절적으로 수요 편중현상이 심하여 성수기에는 교통시설의 수용량, 수송설비능력, 교통관련시설 부족 등이 발생한다. 그러나 성수기 수요에 대처하기 위해 관련시설을 확충한다면 비수기에는 시설이나 설비가 유휴화되어 자본의 낭비가 발생할 수 있다. 그러므로 관광교통업체는 수요변동에 탄력적으로 대응하는 요금정책을 추진하고 있다.

3) 자본의 유휴성

관광교통 수요는 시간적 · 지역적으로 편재하기 때문에 관광성수기를 제외하면 적재력이 항상 웃도는 자본의 유휴성(遊休性)이 높은 특징을 갖는다. 교통사업의 총비용 중 감가상각비, 고정인건비, 고정적 유지 · 보수 · 관리비와 같은 고정비의 비율이 높기 때문에 조업도(操業度)의 증가에 따른 단위당 고정비의 감소가 강하게 작용하므로 조업률이 높은 만큼 평균비용이 감소된다. 경영상 비수기에는 가격을 인하하여 좌석을 판매하는 것이 효율적이기 때문에 가격경쟁이 심해진다.

4) 독점성

이동을 전제로 하는 관광에 있어 관광객과 관광대상의 매개적 역할을 수행하는 관광교통사업은 일정한 노선을 확보하며 독점형태의 성격을 띠고 있다. 대체교통수단이 없을 경우 운임이 크게 인상되어도 그 교통수단을 이용하지 않을 수 없기 때문에 독점성에 대한 문제는 사회문제로 인식되고 있으며 정부의 통제하에 운행되는 경우가 많다.

5) 인적 서비스 및 관광도로 의존도가 높은 사업

관광교통업은 인적 서비스의 의존도가 높은 사업이다. 조종사·운전사·기관사·정비사·승무원 등은 승객들이 안전하게 관광목적지까지 도착할 수 있도록 최선을 다해 서비스해야 한다.

3 항공교통

1) 항공운송업의 개념

항공운송사업이란 타인의 수요에 맞추어 항공기를 사용하여 유상(有償)으로 여객이나 화물을 운송하는 사업을 말한다(항공법 제2조 제31호). 즉, 항공사가 항공기를 이용하여 국내 및 국외를 이동하는 여객과 화물 및 우편물을 운송하는 서비스를 제공하고, 항공요금과 항공운임을 받아 경영하는 사업이라 할 수 있다.

2) 항공운송업의 구성요소

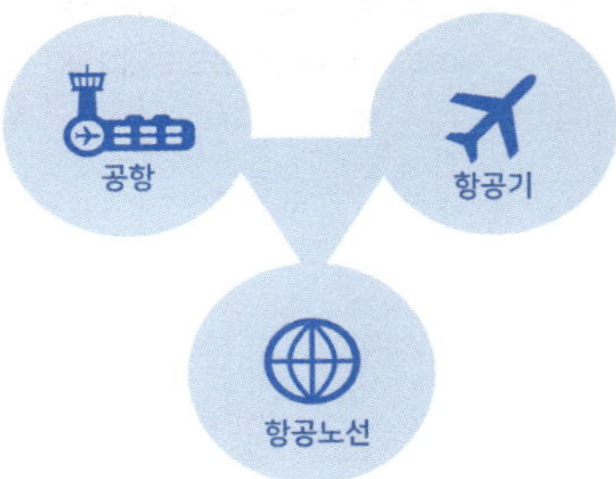

[그림 12-1] 항공운송업의 구성요소

항공운송사업은 운송수단인 항공기와 항공기의 이·착륙장소와 출입국 서비스를 제공하는 공항·항공터미널 그리고 항공기의 운항로이자 운송권을 확보해 주는 항공노선으로 구성된다.

(1) 항공기

항공기는 항공운송사업을 운영하는 시스템의 핵심 구성요소이다.

안전성, 항공기의 속도, 승객수용력과 쾌적성, 항공기의 정비와 부품의 확보, 항공기의 선정과 수명은 항공사업발전의 중요한 요소이다.

(2) 공항

공항은 항공기의 도착·출발과 지상이동을 목적으로 설치된 육상 또는 수상의 비행장으로서 항공운송을 위하여 공공적으로 사용되는 일정 구역을 말한다.

공항은 항공교통과 지상교통의 연결점으로 출입국승객의 편의를 위해 항공사·공항공단·정부기관 등이 복합적으로 구성·운영하는 곳으로서 항공운송 시스템의 핵심요소이기 때문에 국제적인 중심공항(Hub-Airport) 확보는 항공운송사업발전과 국제교통망 구축의 가장 중요한 부분이다.

(3) 항공노선

항공노선은 상대국과의 항공 협정에 의해 결정된다. 항공운송사업에 있어 항공노선을 개설하고 확보하는 것은 노선의 운항권, 곧 영업권을 확보한다는 측면에서 항공운송사업체로서는 항공노선의 수와 영업 범위에 따라 항공사의 지위, 항공사의 수익성, 특정시장의 점유를 평가하는 척도가 된다.

3) 항공운송업의 분류

항공운송사업은 국내항공운송사업, 국제항공운송사업 및 소형항공운송사업으로 분류하고 있다.

(1) 국내항공운송사업

국내항공운송사업이란 국토교통부령으로 정하는 일정 규모 이상의 항공기를 이용하여 다음 각 목의 어느 하나에 해당하는 운항을 하는 항공운송사업을 말한다(항공법 제2조 제32호).

가. 국내 정기편 운항 : 국내공항과 국내공항 사이에 일정한 노선을 정하고 정기적인 운항계획에 따라 운항하는 항공기 운항

나. 국내 부정기편 운항 : 국내에서 이루어지는 가목 외의 항공기 운항

(2) 국제항공운송사업

국제항공운송사업이란 국토교통부령으로 정하는 일정 규모 이상의 항공기를 이용하여 다음 각 목의 어느 하나에 해당하는 운항을 하는 항공운송사업을 말한다(항공법 제2조 제33호).

가. 국제 정기편 운항 : 국내공항과 외국공항 사이 또는 외국공항과 외국공항 사이에 일정한 노선을 정하고 정기적인 운항계획에 따라 운항하는 항공기 운항

나. 국제 부정기편 운항 : 국내공항과 외국공항 사이 또는 외국공항과 외국공항 사이에 이루어지는 가목 외의 항공기 운항

(3) 소형항공운송사업

소형항공운송사업이란 국내항공운송사업 및 국제항공운송사업 외의 항공운송사업을 말한다(항공법 제2조 제34호).

〈표 12-1〉 정기 항공운송과 부정기 항공운송의 비교

구분	정기 항공운송	부정기 항공운송
정시성 · 공공성	• 매우 중요한 요소	• 중요요소 아님. 채산성 강조
대상	• 일반여객대상(공개적)	• 특정조직 · 회원대상(폐쇄적)
좌석이용률	• 비교적 낮음(65~70%) • A300의 경우 250석 배치 : 좌석열간 거리 31~34인치	• 비교적 높음(85~90%) • A300의 경우 315~336석 배치 : 좌석열 간 거리 31~34인치
운임	• 높음	• 저렴함
단거리	• 여행 야간시간 지상체류	• 야간비행 가능
비수기이용	• 임대불가능	• 성수기 항공사에 임대
간접운영비	• 비수기도 공항 상주직원 필요 • 사무실 및 장비 필요	• 비수기 상주직원 불필요 • 항공 · 승객 · 수하물처리 하청
객실승무원 비율	• 승객 21명당 1명	• 승객 32명당 1명
기타 사항	• 쾌적한 기내 서비스, 편리한 운항시간 중요	• 관광단체 · 스포츠행사 · 박람회 등에 이용되며, 경제성 강조

4) 항공운송업의 특성

(1) 서비스지향성

항공기라는 자본집약적인 하드웨어를 활용하여 여객의 안전한 수송을 기본으로 좌석예약·항공권발권·탑승수속 등과 같은 지상 서비스와 기내 식음료, 면세상품판매, 비디오영상 서비스, 승무원 서비스 등과 같은 기내 서비스가 조합되어 항공 서비스상품이 생산된다. 즉 항공운송 서비스는 항공상품의 핵심 서비스가 되는 여객운송 서비스와 이를 보조해 주는 부차적·주변적 서비스인 항공여행정보 제공, 기내 서비스 등으로 구성된다.

항공 서비스상품은 기내 공간중심의 고정적 상품요소와 인적 서비스 중심의 유동적 상품요소를 동시에 갖추고 있으며, 품질 및 가격은 국제적 기준에 의해 결정되는 것이 특징이다.

항공운송업체의 경쟁이 심화됨에 따라 다양한 지상·기내 서비스, 부가 서비스, 인적 서비스를 차별화하여 항공시장의 경쟁우위를 확보해야 한다. 또한 타 관광업체와의 제휴를 통하여 여행 서비스상품을 종합화하고 항공운송사업의 국제경쟁력을 확보하고자 하는 노력이 이루어지고 있다.

(2) 안전성 유지

모든 교통기관에서 가장 중요시되는 요소는 안전성이다. 초기 항공운송의 안전성은 낮았으나, 과학기술의 발달과 더불어 모든 첨단기술의 집합체인 항공기의 출현은 항공운송사업에 있어 가장 안전한 교통수단으로 자리매김하였다.

(3) 고속성 · 경제성

항공운송은 전 세계의 주요 도시를 상호 연결하는 항공노선망을 구축하여 시간적 · 계량적 거리의 한계를 극복하였다. 순항거리가 긴 국제노선일수록 항공운송의 고속성이 발휘된다. 또한 소득수준의 향상과 의식수준의 변화로 인하여 시간가치와 서비스가치를 인정하는 기회비용의 중요성은 항공운송의 경제성을 점점 상승시키고 있다.

(4) 정시성 확보의 어려움

정시성 여부는 교통기관의 신뢰성을 좌우하는 요소이다. 항공운송은 타 교통기관에 비하여 항공기의 정비 및 기상조건에 의하여 크게 제약을 받으므로 정시성 확보에 많은 어려움이 있다.

(5) 노선개설의 용이성

항공운송은 공항이 있는 곳이면 항공노선의 개설이 용이하여 노선의 제약을 받지 않으면서도 수요에 부응하여 운항편수의 증감 및 기종선정 등 공급을 탄력성 있게 조정할 수 있다.

(6) 공공성

대중교통기관은 국민의 필수 이동수단으로 공공성을 지니고 있다. 특히 항공운송사업은 국제성을 띠고 있어 국익과도 밀접한 관련이 있다.

(7) 자본집약성

항공운송사업은 규모의 경제가 발휘되는 사업으로 항공기와 서비스 인력 및 제반 시설비용 등 막대한 자본을 투자하여 경쟁우위를 확보해야 하는 자본집약적 사업이다.

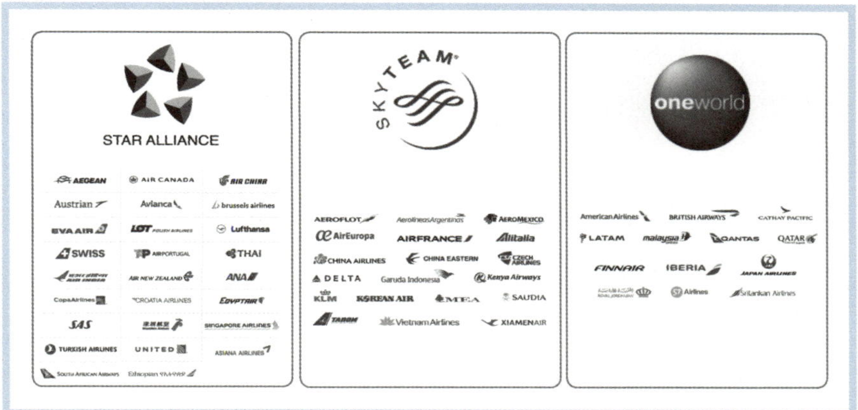

[그림 12-2] 항공사 동맹(Airline alliance) 현황

4 해상교통

1) 해상운송의 개념

해상교통은 해운이라고도 하며, 해상에서 선박을 이용하여 인간과 재화를 운송하는 수단의 역할을 한다.

「관광진흥법 시행령」에서는 관광객 이용시설업으로써 관광유람선업을 일반관광유람선업과 크루즈업으로 구분하여 규정하고 있다(제2조 제1항 3호).

일반관광유람선업은 「해운법」에 따른 해상여객운송사업의 면허를 받은 자나 「유선(遊船) 및 도선사업법(渡船事業法)」에 따른 유선사업의 면허를 받거나 신고한 자가 선박을 이용하여 관광객에게 관광을 할 수 있도록 하는 업으로 규정하고 있으며 크루즈업은 「해운법」에 따른 순항(巡航) 여객운송사업이나 복합 해상여객운송사업의 면허를 받은 자가 해당 선박 안에 숙박시설, 위락시설 등 편의시설을 갖춘 선박을 이용하여 관광객에게 관광을 할 수 있도록 하는 업으로 규정하고 있다.

2) 해상운송의 분류

(1) 정기선 운송

정기선 운송이란 동일한 항로에 정기적으로 운항하는 선박(정기선)의 운송을 의미한다. 정기선 운송은 운항 일정, 운임요금 등을 공시하고 일정한 항로로 규칙적으로 운항하며 부정기선에 비해 고가의 선박을 사용하며 운임이 높다.

운송대상은 주로 일반화물로 소량화물, 컨테이너화물, 여객, 우편물 등이다.

(2) 부정기선 운송

부정기선 운송은 운송수요자의 요구나 화물 등이 있을 때만 용선계약을 하고 수송요구에 따라 원하는 시기와 항로에 선박을 제공하는 형태를 말한다. 일정한 항로를 정기적으로 운항하는 정기선과는 다르게 부정기선은 고정된 기항항구가 없고, 운임도 비교적 낮은 요율을 적용하며 그 당시 선박의 수요와 공급에 의해 탄력적으로 결정되어 운임 변동폭이 크다.

운송 대상은 주로 운송수요가 급증하는 화물 등이다.

3) 해상여객운송사업

(1) 해상여객운송사업의 개념

"해상여객운송사업"이란 해상이나 해상과 접하여 있는 내륙수로(內陸水路)에서 여객선 또는「선박법」 제1조의2 제1항 제1호에 따른 수면비행선박(이하 "여객선등"이라 한다)으로 사람 또는 사람과 물건을 운송하거나 이에 따르는 업무를 처리하는 사업으로서「항만운송사업법」 제2조 제4항에 따른 항만운송관련사업 외의 것을 말한다.

(2) 해상여객운송사업의 종류

해상여객운송사업의 종류로는 내항 정기 여객운송사업, 내항 부정기

여객운송사업, 외항 정기 여객운송사업, 외항 부정기 여객운송사업, 순항(巡航) 여객운송사업, 복합 해상여객운송사업이 있다.

〈표 12-2〉 해상여객운송사업의 종류

<table>
<tr><th colspan="2">구분</th><th>정의</th></tr>
<tr><td rowspan="2">내항</td><td>정기</td><td>국내항[해상이나 해상에 접하여 있는 내륙수로에 있는 장소로서 상시(常時) 선박에 사람이 타고 내리거나 물건을 싣고 내릴 수 있는 장소를 포함
국내항 사이를 일정한 항로와 일정표에 따라 운항하는 해상여객운송사업</td></tr>
<tr><td>부정기</td><td>국내항과 국내항 사이를 일정한 일정표에 따르지 아니하고 운항하는 해상여객운송사업</td></tr>
<tr><td rowspan="2">외항</td><td>정기</td><td>국내항과 외국항 사이 또는 외국항과 외국항 사이를 일정한 항로와 일정표에 따라 운항하는 해상여객운송사업</td></tr>
<tr><td>부정기</td><td>국내항과 외국항 사이 또는 외국항과 외국항 사이를 일정한 항로와 일정표에 따르지 아니하고 운항하는 해상여객운송사업</td></tr>
<tr><td colspan="2">순항</td><td>해당 선박 안에 숙박시설, 식음료시설, 위락시설 등 편의시설을 갖춘 대통령령으로 정하는 규모 이상의 여객선을 이용하여 관광을 목적으로 해상을 순회하여 운항(국내외의 관광지에 기항하는 경우를 포함한다)하는 해상여객운송사업</td></tr>
<tr><td colspan="2">복합</td><td>제1호부터 제4호까지의 규정 중 어느 하나의 사업과 제5호의 사업을 함께 수행하는 해상여객운송사업</td></tr>
</table>

출처 : 「해운법」 제3조.

4) 크루즈업

(1) 크루즈업의 개념

크루즈(Cruise)는 순수관광을 목적으로 해상유람을 즐기고자 하는 관광객들을 대상으로 선내에 객실·식당·스포츠 및 레크리에이션 시설 등 관광객의 편의를 위한 각종 서비스시설과 부대시설을 갖추고 순수한 관광활동을 목적으로 관광자원이 수려한 지역을 순회하며 안전하게 운항하는 선박이다.

일반적으로 크루즈는 선내에 숙박과 위락시설 등 관광객을 위한 각종 시설을 갖추고 다양한 선상활동 및 유흥·오락프로그램 등의 행사와 수준 높은 서비스를 제공하고 기항지의 다양한 관광지를 순회하면서 관광활동을 할 수 있는 종합관광시스템의 역할을 하고 있다.

(2) 크루즈의 분류

크루즈는 운항 범위, 운항 지역, 선박 크기, 운항 성격, 운항 목적 등에 따라 다양하게 분류할 수 있다.

크루즈의 등급결정에 있어 표준화된 기준은 없으며, 등급결정기관 또는 단체에 따라 다른 기준들을 적용한다. 그 기준항목에는 선박 자체와 안전성, 선상시설 및 공용공간의 크기, 인테리어, 스파·피트니스시설, 객실설비, 객실크기, 선상 식사, 음식의 질, 서비스, 선상 프로그램 등이 고려되며, 이중 선상 식사, 서비스, 승객 1인당 승무원 수, 승무원의 자질(hospitality) 등이 가장 중요시된다.

〈표 12-3〉 크루즈의 분류

운항 범위별	운항 지역별	선박 크기별	운항 성격별	운항 목적별
• 국내 크루즈 • 국제 크루즈	• 내륙 크루즈 • 해양 크루즈	• 소형 선박 크루즈 • 중형 선박 크루즈 • 대형 선박 크루즈 • 초대형 선박 크루즈	• 전통형 크루즈 • 리조트형 크루즈 • 고급형 크루즈 • 호화형 크루즈 • 특선형 크루즈	• 관광 크루즈 • 세미나 크루즈 • 특수목적 크루즈

▲ Carnival Cruise Line의 클래스별 크루즈

출처 : https://www.carnival.com

(3) 크루즈관광의 특성

크루즈관광은 수천 명이 승선한 이동하는 선박 내의 호텔(리조트)에서 숙식이 가능하고, 주간에는 각 기항지를 중심으로 관광활동을 하며, 야간에는 선내의 각종 편의시설과 위락시설(공연장, 카지노, 갑판 위의 풀장, 헬스센터 등)을 활용하여 즐거움을 얻을 수 있다. 또한 세계의 유명 관광지들을 순항하는 여행 패턴으로 운송의 개념과 리조트 호텔의

개념을 합친 것이라 할 수 있다.

크루즈여행은 그 지역의 날씨가 좋은 시기로 맞추어 계획되어 운항하나, 기상 상태가 안 좋을 경우 정확한 예보를 가지고 선장이 유람선 코스를 변경할 수 있다.

크루즈는 관광이 주목적이고, 장기적이며 대규모인 반면 여객선은 수송이 주목적이고 카페리는 단기적이며 쾌속선은 소규모로 운항하는 점에서 다른 해상교통수단들과 차이가 있다.

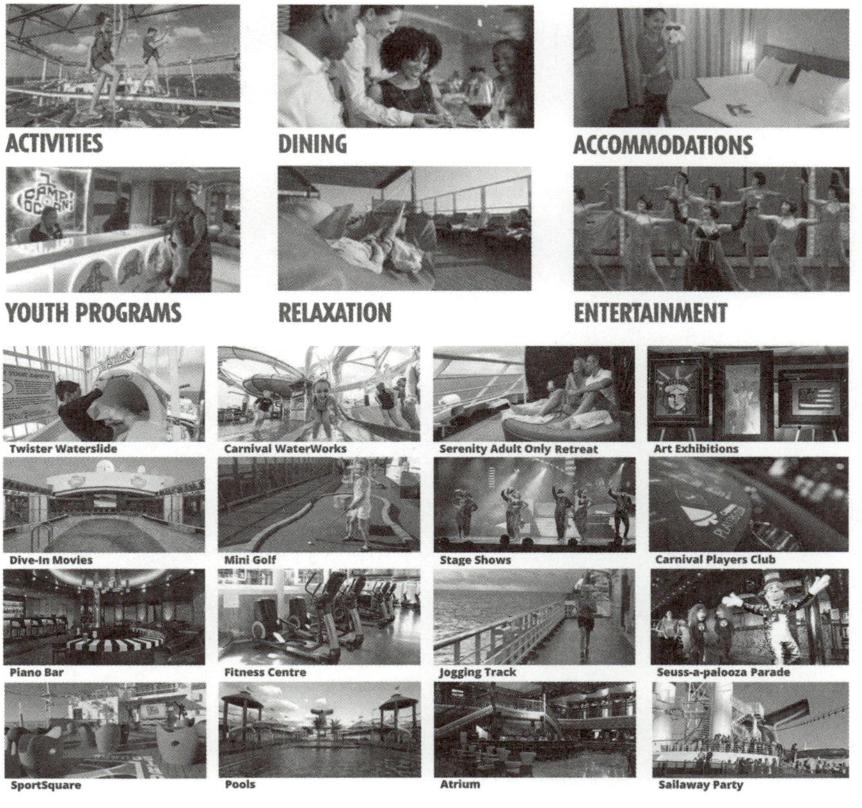

▲ Carnival Cruise Line 선내 제공 서비스와 액티비티 종류
출처 : https://www.carnival.com

크루즈관광은 일반적으로 다음과 같은 특징을 가지고 있다.

① 운항목적이 화물 또는 여객수송이 아닌 순수관광목적이다.

② 정기 또는 부정기적으로 운항을 한다.

③ 관광자원이 수려한 지역 위주로 관광매력이 있는 곳을 연계하여 관광 루트를 계획하고 운항한다.

④ 숙박시설, 레스토랑, 이벤트, 선상 풀장, 사우나, 피트니스센터, 오락시설 등을 이용할 수 있다.

⑤ 운항 및 승선기간이 대부분 수일에서 수개월로 장기적이다.

⑥ 배는 고립되어 있다는 특수조건이 있고, 배에 출입하는 사람은 철저히 통제되어 비교적 안전하며 공해가 없고 교통이 한가롭다.

[그림 12-3] 크루즈 운항 시즌

5 육상교통

관광교통 수단별로 상호 연계성이 확보되면서 관광객들은 관광목적지까지의 장거리 이동은 주로 항공기·고속철도·크루즈 등을 이용하고, 목적지에서의 단거리 이동은 관광버스·렌터카·캠핑카 등 자동차를 이용하는 것이 일반화되어 있다.

1) 철도관광교통업

(1) 철도관광의 개념

철도관광은 광의적으로 철도를 이용하는 관광객이 승무원·역무원·시설관리자 등의 운영자에 의해 어떠한 목적으로 이동하거나 관광의 목적으로 이루어지는 교통수단으로서의 모든 형태의 철도운영을 의미한다. 협의적으로는 순수관광객의 관광을 목적으로 운영되고 부설된 철도를 의미한다.

따라서 철도관광상품은 관광객을 이동시키는 교통시설의 역할뿐만 아니라 열차시설 자체가 관광객의 욕구를 충족시키는 1차적 매력물로서 관광객에게 포괄요금을 적용하여 전 여행일정을 책임지는 패키지상품으로써의 기능을 수행하는 열차를 이용한 관광상품이라 할 수 있다.

(2) 철도관광상품의 분류

철도관광상품은 크게 일반관광상품과 패키지 관광상품 그리고 지역단위 관광상품의 세 가지로 분류할 수 있다.

일반관광상품은 관광지 부근의 인근역까지 열차단위로 관광열차를 운행하고 목적지에 도착한 이후에는 자유관광을 한 후 다시 관광열차를 타고 돌아오는 상품이다.

패키지 관광상품은 철도공사가 주관하여 상품을 기획하고 개발하는 것으로 주관 여행사를 지정해 상품의 홍보 및 판매, 좌석의 운영, 연계 교통 및 숙박제공, 관광안내 등을 대행하는 패키지상품으로 전 관광일정 동안 관광객이 함께 활동하는 것이 특징이다.

지역단위 관광상품은 지역단위의 자체적인 역에서 주관여행사를 선정하여 그 지역의 관광객을 모객하여 열차단위로 관광열차를 운행하는 패키지 관광상품이다.

(3) 철도교통의 특성

철도는 단순한 여객의 운송과 화물 등 물류의 운송수단뿐만 아니라 국민관광분야에 있어 쾌적하고 안전한 여행수단으로 인식되고 있으며 철도의 특성은 다음과 같이 정리할 수 있다.

첫째, 철도는 분진발생 등 대기오염이 거의 없는 가장 환경친화적인 녹색교통수단으로 평가받고 있다.

둘째, 철도운송은 타 운송수단에 비해 에너지의 효율성 측면에서 경제성이 높다.

셋째, 철도는 안전성과 쾌적성에 있어서 가장 유리한 공익적 수송수단으로 평가되고 있다.

넷째, 철도는 대량의 인원을 동시에 이동시킬 수 있는 수단으로 동시 대량수송성의 특징을 갖고 있다.

다섯째, 시간적 측면에서 신속성·정확성·규칙성을 갖춘 수단이다. 철도는 항공수단을 제외하고 가장 신속한 수단으로 레일 위를 장애 없이 달리기 때문에 시간적 정확성을 기할 수 있고 일정한 시간대별로 규칙성 있게 운행된다.

여섯째, 이용 측면에서 편리성·연결성이 좋은 수단이다. 철도는 비교적 공간이 넓고 운행 중 창밖의 자연경관을 즐길 수 있으며 화장실이나 식당시설 등 부대시설까지 갖추고 있어 기차 안에서의 편리성이 매우 좋다. 또한 일반적으로 기차역을 중심으로 대중교통수단이 연결되고 있어 다음 행선지로의 이동이 용이한 특성이 있다.

▲ KTX 외부 및 내부사진

2) 자동차 관광교통업

자동차교통의 발달은 이동사회의 형성과 관광활동의 범위를 확대시켜 관광사업의 발전에도 매우 큰 역할을 하였다.

도로를 이용하여 관광목적지까지의 접근성과 관광활동이 매우 편리하기 때문에 자동차를 이용한 여행수요의 증가에 따라 관광도로의 개설과 교통편을 활용한 새로운 관광지개발이 확충되고 있으며, 자동차지향의 모텔(Motel)과 모터호텔(Motor Hotel) 등의 숙박시설과 자동차여행객들을 위한 자동차야영장(Auto Camp Ground)이 생겨나게 되었다. 또한 자동차의 대중화에 따라 드라이브를 위락적 경험으로서 즐기게 되었으며, 관광과 밀접한 연계교통수단인 전세버스와 렌터카 및 여행전문차량 등의 여객자동차운수사업은 여행자에게 있어 관광지 이동의 핵심역할을 수행하고 있다.

(1) 자동차 관광교통업의 개념

자동차 관광교통업은「여객자동차 운수사업법」제2조의 적용을 받고 있다.

여객자동차운송사업은 다른 사람의 수요에 응하여 자동차를 사용하여 유상(有償)으로 여객을 운송하는 사업으로, 자동차를 정기적으로 운행하고자 하는 구간을 정하여 여객을 운송하는 사업인 노선여객 자동차운송사업과 사업구역을 정하여 그 사업구역 안에서 여객을 운송하는 사업인 구역여객 자동차운송사업으로 크게 구분하고 있다.

자동차대여사업은 다른 사람의 수요에 응하여 유상으로 자동차를 대여(貸與)하는 사업을 말한다(여객자동차 운수사업법 제2조 제4호). 즉 자동차를 빌려주는 렌터카(Rent-A-Car) 사업이다.

광의의 개념으로 자동차를 이용하려는 고객의 요구에 부응하여 자동차 자체의 대여와 이에 부과되는 다양한 서비스를 포함하여 고객에게 필요할 때 필요한 장소에서 필요한 만큼 빌린다는 점에서 서비스산업에 해당된다.

(2) 자동차 관광교통업의 종류

① 전세버스 운송사업

전세버스 운송사업은 운행계통을 정하지 아니하고 전국을 사업구역으로 하여 1개의 운송계약으로 건설교통부령이 정하는 자동차를 사용하여 여객을 운송하는 사업이다. 일반적으로 전세버스 운송사업은 기업의 출·퇴근운행과 학교의 통학운행, 결혼 등 일반전세버스사업, 단체관광과 개별 패키지관광 및 도시 패키지관광 등 관광을 위한 전세버스사업으로 구분할 수 있다. 결국 관광전세버스사업은 주로 학교·회사·협회·친목단체 등의 단체여행자나 개별여행자를 대상으로 스포츠행사·박람회·관광지 등을 여행할 수 있도록 관광교통 서비스를 제공하여 영리를 추구해 가는 사업이다.

전세버스 관광상품은 전세버스, 단체관광, 개별 패키지관광, 도시 패키지관광, 연계 교통관광 등의 형태가 있다.

▲ 전세버스 광고

② 자동차대여사업

자동차대여사업은 철도 · 항공기 · 버스 · 택시 등의 공공수송기관의 역할을 분담하는 보완적 교통수단과 도시주변 · 근교 · 관광지 등을 연계하는 공공수송기관의 대체교통기관으로서의 기능을 발휘하고 있다. 또한 여행업 · 여가사업체와의 제휴 등을 통해 부가가치 서비스를 창출하며, 지역 세수 증가 및 지역경제 활성화에 기여한다.

자동차대여사업의 큰 장점은 타 교통수단과 비교하여 필요할 때마다 용이하게 차를 빌릴 수 있다는 점이다. 유통부문과 기업활동에서 업무용 자동차의 경비절감효과가 있으며, 여행객들이 장거리 여행 시 타 교통수단을 이용한 후 목적지에서 보조차(Second Car)의 기능을 담당하면서 여행자들에게 기동성을 보장하므로 제3의 교통수단이라 불린다.

여행객들의 이용 시스템 측면에서 보험적용, 차종, 예약의 편리함, 타 교통기관 및 숙박시설의 편리하고 경제적인 결합, 광범위한 영업지점망 설치, 적절한 요금제도로 편의를 제공하고 있다.

세계적인 자동차대여기업으로는 Hertz, AVIS, Budget, National Car Rental, Alamo, Enterprise 등이 있다.

▲ 세계 주요 자동차대여기업

제 13 장 외식사업

1 외식사업의 개념

외식사업은 인간의 기본적인 욕구를 충족시켜 주는 대표적인 서비스 산업으로 경제성장 및 사회 · 문화 · 가치관의 변화에 따라 다양한 외식 업종과 업태로 성장하며 발전을 계속하고 있다.

일반적으로 외식은 가정 이외의 장소에서 행하는 식사의 총칭이라 할 수 있다. 즉 외식은 가정식을 중심으로 한 내식이 아닌 가정 밖에서 식사하는 형태의 협의의 의미와 HMR(Home Meal Replacement: 가정식을 대용하기 위해 간편하게 요리할 수 있도록 반조리된 편의성을 갖춘 외식형태)의 간편식과 출장형태의 케이터링 서비스(Catering Service) 및 테이크 아웃(Take-Out) 등을 포함하는 광의의 의미로 확장되고 있다.

외식사업(Food Service Business or Food Service Industry)의 용어는 외식(Eating Out)의 산업화를 계기로 수익성을 창출하는 산업으로 분류하기 시작하면서 사용되고 있다.

광의적 개념에서 외식사업은 음식과 관련된 사업으로 식사와 관련된 음식 · 음료 · 주류 등을 제공할 수 있는 일정장소에서 직간접적으로 생산 및 제조에 참여하여 특정인 또는 불특정 다수에게 상업적 또는 비상업적으로 판매 및 서비스를 제공하는 사업이다.

일반적으로 일정한 장소에서 조리 · 가공된 음식물을 상품화(요리, 인적 · 물적 서비스, 분위기, 편익성 가치 등의 토털 서비스)하여 금액지불을 통해 소비자에게 제공되는 가정 밖의 식생활 전체를 총칭하는 음식 서비스관련 복합적 사업을 의미한다고 할 수 있다.

2 외식사업의 분류

외식사업은 사회 · 경제 · 문화 · 기술적 요인들의 변화와 국민소득의 증가에 따른 소비자들의 외식형태의 변화에 따라 다양화 · 세분화되어 왔다. 또한 외식기회의 증대, 글로벌 체인화, 가공식품화, 고객의 변화 등을 반영한 새로운 유형과 범위가 확장 · 개발되고 있다.

외식산업의 시대별 사회 · 경제적 환경의 변화와 관련법규의 변천에 따라 분류기준을 달리하고 있으며, 국가나 학자마다 분류체계가 다르다.

일반적으로 외식사업의 분류는 외식업체에서 판매하는 음식의 종류에 따라 한식업 · 양식업 · 일식업 · 중식업 등과 같이 업종(type of business)으로 분류할 수 있다. 이러한 업종의 특성을 기본으로 하여 사업목표, 목표고객 및 마케팅전략 등에 적합한 영업시간, 식음료 서비스, 분위기, 메뉴의 종류와 가격 및 판매방법 등에 따라 영업형태를 구분하는 업태(type of operation)별 분류도 널리 쓰이고 있다.

일반적으로 패스트푸드(FF : Fast Food), 패밀리레스토랑(FR : Family Restaurant), 캐주얼 다이닝(CDR : Casual Dining Restaurant), 파인 다이닝(FDR : Fine Dining Restaurant)의 영업형태로 분류한다.

〈표 13-1〉 외식사업의 형태별 분류

형태별 분류	내용
업종 (Type of Business)	한식, 서양식, 일식, 중식, 베이커리, 아이스크림, 에스닉푸드(Ethnic Food : 제3세계 음식)
업태 (Type of Operation)	패스트푸드(Ff : Fast Food), 패밀리 레스토랑(Fr : Family Restaurant), 캐주얼 다이닝(Cdr : Casual Dining Restaurant), 파인다이닝(Fdr : Fine Dining Restaurant)
	가정식 대체식(Hmr: Home Meal Replacement), Take-Out Restaurant, 자판기
서비스 (Type of Service)	테이블 서비스, 셀프 서비스, Drive-In / Drive-Through, 카운터 서비스, 기내식 서비스
	기타 식당형태(레스토랑〈Restaurant〉, 커피숍〈Coffee Shop〉, 카페테리아〈Cafeteria〉, 다이닝 룸〈Dining Room〉, 그릴〈Grill〉, 뷔페 레스토랑〈Buffet Restaurant〉, 런치카운터〈Lunch Counter〉, 리프레시먼트 스탠드〈Refreshment Stand〉)

3 외식사업의 구성요소와 특성

1) 외식사업의 구성요소

외식사업을 구성하는 상품내용은 일반적으로 음식과 음료, 인적 서비스, 물적 서비스, 편리성(입지 · 영업시간 · 요금정산방법), 가격 등으로 구분할 수 있다. 외식사업의 성공적 경영을 위해서는 각각의 구성요소를 파악한 적절한 전략수립이 필요하다.

(1) 식 · 음료

식 · 음료는 외식사업에서 가장 중요한 핵심상품이다. 메뉴의 선정에 따라 고객층 · 입지 · 영업시간 · 가격 · 서비스 · 분위기 등이 달라질 수 있다.

경영자의 입장에서 메뉴의 종류는 관리 시스템 구성에 큰 영향을 주게 되므로 외식사업을 처음 시작하거나 기존 메뉴를 변경할 때는 원 · 부자재, 조리방법, 요리의 양과 모양(형), 주력 메뉴와 부메뉴항목에 대한 세밀한 계획과 시장조사분석이 선행되어야 한다.

(2) 인적 서비스

인적 서비스에는 음식물을 제공하기 위한 부대 서비스와 점포만의 독자적인 독립 서비스 등이 있다. 독립 서비스인 접객 서비스와 여흥 서비스(Amusement Service)는 음식물을 제공하는 서비스 이외에 그 자체가 하나의 상품으로서 충분한 가치가 있다.

접객 서비스는 개인 또는 소수고객에 대한 서비스인 데 반해, 여흥 서비스는 대중 또는 복수적 인원에 대해 쇼나 음악 등 예능적 서비스를 제공하는 것으로서 점포의 콘셉트에 따라 고객에게 적절히 제공하여야 한다.

(3) 물적 서비스

물적 서비스는 식사공간과 그에 수반되는 설비에 의한 서비스를 의미하는 공간 서비스(Space Service)와 여흥(Amusement)설비가 주력이 되는 설비 서비스로 구분된다.

공간 서비스는 점포 내 식사공간의 테이블 · 좌석 · 인테리어 등이 포함되고, 점포 외에 주차장 · 외장 · 조경 등으로 구성되며, 점포의 이미지를 결정짓는 중요한 요소이다. 설비 서비스는 여흥설비가 주가 되며, 공간 서비스와 별도로 그 자체가 독립적 서비스시설이 되기도 하여 다른 점포들과 차별성을 줄 수 있는 요소이다.

(4) 편의적 요소

입지 · 영업시간 · 요금정산방법 등의 편의적 요소들은 고객의 이용선택에 중요한 결정요인이 될 수 있으므로 점포에 맞게 적절히 적용해야 한다. 일반적으로 점포의 위치는 지역 · 시설의 순으로 결정되며, 영업시간 및 휴일도 명확히 설정해야 한다.

(5) 가격

가격은 상품에 대한 대가로서 상품속성에 따라 차이가 있으나 외식사업의 경우는 전체상품 가격이 품목별로 나누어진 경우보다 한 개의 주력상품에 타 상품의 가격이 포함되어 있는 경우가 많다. 따라서 타 소매업처럼 모든 상품에 개별가격을 제시하는 것과는 구별된다.

2) 외식사업의 특성

외식사업은 구조적 측면에서 고객의 주문에 의하여 음식과 음료를 조리 및 준비하는 제조업인 동시에, 인적 서비스와 함께 제공하는 접객서비스업이며, 고객에게 직접 판매하는 판매업의 성격을 지닌 복합적인 사업이다.

외식사업의 일반적 특성을 정리하면 다음과 같다.

(1) 입지의존적 사업

외식사업은 업소의 위치에 따라 상권 · 목표고객 · 메뉴 · 가격 등 경영에 큰 영향을 받게 되므로 입지에 따른 전략적 경영이 요구되는 사업이다.

(2) 노동집약적 사업

외식사업은 생산부문 자동화의 한계와 서비스부문의 인적 구성요소의 비중이 큰 노동집약적 사업이다. 장기근무시간과 저임금노동 및 정신적 스트레스 증가 등으로 타 산업보다 이직률이 높은 편에 속하므로 근무환경 개선 및 서비스종사원의 자질향상을 위한 노력이 요구된다. 또한 업종과 업태별 다양한 고객들의 인적 서비스요구에 대응할 수 있는 서비스의 기술과 질 향상을 위한 지속적인 연구가 필요하다.

▲ STARBUCKS 밀라노 매장 직원들과 STARBUCKS의 구인광고

(3) 체인화가 용이한 사업

외식사업은 규모가 커질수록 영업체계를 체인화하기 용이하여 직영 경영 및 사업의 확장기회가 많은 사업이다. 관리운영 전반을 규격화·시스템화·매뉴얼화하여 표준화를 실현하고 고객에게 체인점 어느 곳에서나 동일한 음식의 질, 서비스, 청결성 등이 제공될 수 있도록 한다.

(4) 주문판매사업

주문에 의해 상품을 제조하고 판매하여 상품의 생산과 소비가 일정한 장소에서 함께 일어나는 특성을 가지고 있다. 또한 단기유통기한의 식자재가 많아 상품생산을 위한 식자재 부패가 쉽고 비통제가능요소(경제환경, 소비자 라이프스타일, 날씨, 전염병 등)에 민감하여 수요예측(주문)이 불확실한 특성을 지니고 있다.

4 프랜차이즈

1) 프랜차이즈 시스템의 개념

프랜차이즈(Franchise)란 가맹본부(Franchisor)가 가맹점(Franchisee)에 상품공급·조직·교육·영업·관리·점포개설 등의 노하우를 브랜드와 함께 제공하며 사업을 영위해 나가는 형태를 말한다. 즉 상품을 제조하거나 판매하는 업체가 가맹본부가 되고 독립소매점이 가맹점이 되어 소매영업을 프랜차이즈화하는 사업형태로 외식기업에서 많이 도입하고 있다.

가맹본부는 가맹점에 해당지역 내에서의 독점적 영업권을 주는 대신 가맹본부가 취급하는 상품의 종류, 점포 인테리어, 광고, 서비스 등을 직접 조직하고 관리하는 것은 물론, 가맹점에 교육지원 · 경영지원 · 판촉지원 등 각종 경영 노하우도 제공한다. 이에 대해서 가맹점은 가맹본부에 가맹비 · 로열티 등의 일정한 대가를 지불하고 가맹점사업에 필요한 자금을 직접 투자해서 가맹본부의 지도와 협조 아래 독립된 사업을 영위한다. 이 같은 가맹본부와 가맹점 간의 지속적인 관계를 프랜차이즈라고 할 수 있으며, 결국 프랜차이즈란 가맹본부와 가맹점 간의 협력 사업 시스템이라고 할 수 있다.

2) 프랜차이즈 시스템의 특성

프랜차이즈 시스템은 자본을 달리하는 독립사업자인 가맹본부와 가맹점 운영주가 상호 신뢰를 바탕으로 분업의 협력계약을 맺고 체인형태의 경우와 유사한 동일자본의 경영효과를 발휘하는 특징이 있다.

가맹본부가 미리 정한 사업의 계약내용에 대해 동의하는 가맹희망자와 계약이 이루어지며, 가맹계약의 기본적인 내용에는 취급상품 · 판매 · 사업진행에 관한 권리부여와 이에 따른 그 대가의 지급에 관한 조항들을 의무규정으로 명시하고 있다.

가맹본부는 가맹점과 프랜차이즈계약을 체결함으로써 비교적 소액투자와 최소 인력으로 단시일 내에 새로운 시장을 개척해 나갈 수 있으며, 또 가맹비 · 로열티라는 형식으로 확실한 수익을 기대할 수 있다. 한편 가맹점은 가맹본부에서 개발한 상품과 사업을 가맹본부의 지도 아래 상대적으로 낮은 리스크로 수행할 수 있다.

일반적으로 프랜차이즈 시스템을 채택하여 체인화한 것을 프랜차이즈 체인이라고 하는데, 하나의 가맹본부와 다수의 가맹점이 계약함으로써 소비자들에게 동일자본 기업체와 동일 레벨로 인식되어 더욱 강력한 기업 이미지와 규모의 이익을 획득하는 데 유리하다.

3) 외식 프랜차이즈 시스템의 종류

프랜차이즈 시스템은 많은 패턴과 비즈니스방식에 따라 다양한 업종과 업태에 적용되며, 여러 가지 기준에 의해서 분류할 수 있으나 일반적으로 가맹점주의 권한범위에 따라 다음과 같이 정리될 수 있다.

(1) 단일지역 프랜차이즈

일정기간 · 일정지역 내에서 가맹점에게 독점영업권(exclusive right)을 확보해 주는 가장 전형적이고 보편화된 시스템이다.

(2) 지역개발 프랜차이즈

일정기간 · 일정지역 내에서 특정가맹점을 축으로 여러 개의 가맹점 개설권을 부여한다.

(3) 지역분할 프랜차이즈

일정기간 · 일정지역 내에서 어떤 개인 또는 집단에게 가맹본부로서의 권리를 부여하고 이를 부여받은 지역분할 가맹본부(Master Franchisee)가 다시 프랜차이즈 권리를 최종가맹점(Sub Franchise)에게 하나 또는 수개의 점포에 대하여 가맹점영업을 하도록 하는 형태이다.

4) 외식 프랜차이즈 가맹점의 장단점

(1) 장점

① 사업경험이나 특별한 능력이 없어도 본사의 시스템과 노하우가 있는 제품이 개발되어 공급하기 때문에 제품의 신뢰성과 재고에 대한 부담이 적고 실패위험이 적다.

② 본사에서 점포개설에 필요한 제반 시설 및 영업, 광고, 판촉, 시장변화에 따른 대응전략, 법률적 자문 등을 일괄적으로 지원하므로 운영이 쉬우며, 경비절감 및 판촉효과를 거둘 수 있다.

③ 단일가맹점으로 성공하면 또 다른 가맹점을 경영할 수 있기 때문에 여러 개의 가맹점 소유가 가능하다.

(2) 단점

① 가맹점경영에 있어 자발적인 문제해결 및 경영개선의지가 저하될 수 있고, 상호 독립사업체이고 계약서 내용대로 업무가 추진되기 때문에 이해가 상반되는 경우나 가맹점주의 특별한 요구사항에 대해 본사에서 가맹점의사를 무시하는 경우가 있으며, 해지할 경우 크게 손해를 보는 경우가 있다.

② 타 가맹점이 실패하거나 지구나 지점의 특성에 맞는 광고나 영업활동이 이루어지지 않으면 가맹점이 타격을 입을 수도 있으며, 본

사의 운영능력 상실 등에 따라 가맹점을 폐업하는 경우가 발생하기도 한다.

▲ 세계 주요 프랜차이즈기업

참고문헌

강덕윤, 류기환, 강금숙(2019). 뉴관광학개론. 백산출판사.
고석면, 고종원, 유을순, 서영수(2020). 관광사업론. 백산출판사.
김현주(2017), 외국계 온라인 여행사(OTA)의 한국시장 진출에 따른 영향과 대응방향. 한국문화관광연구원.
신우성(2004). 관광자원의 이해. 기문사.
신우성(2008). 관광사업경영. 대왕사.
신우성(2010). 관광레저스포츠경영. 대왕사.
신우성(2021). 제2판 환대산업서비스. 대왕사.
최경은, 안희자, 오유라(2018). 온라인 개별관광상품 시장분석 및 정책방향. 한국문화관광연구원.
국립공원공단(2022). 「2022 국립공원 기본통계」.
문화체육관광부(2022). 「제4차 관광개발기본계획」.
행정안전부 지역균형발전과(2022). 「2022 전국 온천 현황」.
산림청(2022). 「임업통계연보」.

참고사이트

https://www.carnival.com
https://www.foresttrip.go.kr
https://heritage.unesco.or.kr
https://www.hotelrating.or.kr
https://huyang.forest.go.kr
https://www.index.go.kr
https://korean.visitkorea.or.kr
https://www.krihs.re.kr
http://www.krtd.kr
https://www.law.go.kr
https://www.mcst.go.kr

https://www.posco.co.kr

https://www.q-net.or.kr

https://tdss.kr

https://www.unwto.org

저자약력

신우성

- 가천대학교 공학사
- 세종대학교 경영대학원 관광경영학과 경영학석사
- 미국 UNLV 국비연구과정(Hospitality Management) 수료
- 세종대학교 대학원 호텔관광경영학과 경영학박사
- 한국토지개발공사 연구원
- 알프스리조트 서울사무소장
- 일본 홋카이도 YAMAHA Group Kiroro Resort 근무
- 세종대학교 · 대학원 겸임교수

현) 서정대학교 호텔항공관광학부 학부장
국가전문자격(관광통역안내사, 호텔경영사) 출제 · 면접위원
한국관광공사 전문위원
호텔업 등급결정 평가위원
국가직무능력표준(NCS) 학습모듈 집필위원
경기도 동두천시 도시계획위원
경기도 연천군 구석기축제 추진위원
한국관광학회 · 한국호텔관광학회 · 한국호텔리조트학회 부회장
미국마케팅협회(AMA) 정회원

주요 저서
관광서비스(백산출판사, 2019)
세계관광과 문화(대왕사, 2009)
관광사업경영(대왕사, 2008)
관광레저스포츠경영(대왕사, 2008)
호텔관광마케팅(기문사, 2006)
관광자원의 이해(기문사, 2003)

E-mail : sws@seojeong.ac.kr

저자와의
합의하에
인지첩부
생략

관광학개론

2023년 1월 10일 초판 1쇄 발행
2024년 1월 30일 초판 2쇄 발행

지은이 신우성
펴낸이 진욱상
펴낸곳 (주)백산출판사
교　정 성인숙
본문디자인 구효숙
표지디자인 오정은

등　록 2017년 5월 29일 제406-2017-000058호
주　소 경기도 파주시 회동길 370(백산빌딩 3층)
전　화 02-914-1621(代)
팩　스 031-955-9911
이메일 edit@ibaeksan.kr
홈페이지 www.ibaeksan.kr

ISBN 979-11-6567-587-5 93980
값 20,000원